AF253741

LE PÉRIL SOCIAL

QUE FAIRE POUR LE CONJURER
EN ASSURANT A LA FRANCE LA PROSPÉRITÉ
ET LE CALME?

PAR

LE COMTE DE LA BARRE DE NANTEUIL

« La Révolution est condamnée, s'il est prouvé
qu'au bout de cent ans elle en est encore à recom-
mencer, à chercher sa voie, à se débattre sans
cesse dans les conspirations et l'anarchie. »

(M. RENAN, Discours à l'Académie,
21 février 1889.)

PARIS

TYPOGRAPHIE DE E. PLON, NOURRIT ET Cⁱᵉ

RUE GARANCIÈRE, 8

—

1889

LE

PÉRIL SOCIAL

QUE FAIRE POUR LE CONJURER
EN ASSURANT A LA FRANCE LA PROSPÉRITÉ
ET LE CALME?

TYPOGRAPHIE DE E. PLON, NOURRIT ET Cie, RUE GARANCIÈRE, 8.

LE
PÉRIL SOCIAL

QUE FAIRE POUR LE CONJURER
EN ASSURANT A LA FRANCE LA PROSPÉRITÉ
ET LE CALME?

PAR

LE COMTE DE LA BARRE DE NANTEUIL

« La Révolution est condamnée, s'il est prouvé
qu'au bout de cent ans elle en est encore à recom-
mencer, à chercher sa voie, à se débattre sans
cesse dans les conspirations et l'anarchie. »
(M. RENAN, Discours à l'Académie,
21 février 1889.)

PARIS
TYPOGRAPHIE DE E. PLON, NOURRIT ET Cie
RUE GARANCIÈRE, 8

1889

LE
PÉRIL SOCIAL

Personne ne le contestera : La France est gravement atteinte. Sur ses frontières, l'invasion la menace. A l'intérieur, l'anarchie morale, prélude de l'anarchie matérielle, est partout maîtresse.

Les royalistes ont perdu leur foi politique. Ils n'ont plus en leurs chefs qu'une confiance relative.

Plusieurs pensent, comme le remarquable prince qui est, à l'heure présente, l'honneur et la gloire de la famille d'Orléans, que l'hérédité monarchique et la volonté nationale exprimée par un suffrage universel, *uniforme, s'exerçant sans ordre, confondant tous les intérêts divers et multiples de la nation,* « ne sauraient voguer de conserve et arborer le même pavillon ».

Les bonapartistes se demandent à quel sabre il convient d'en appeler.

Les républicains doutent de l'efficacité de leur gouvernement dont le grand ressort a été brisé le jour où, en présence de ses agissements tyranniques, la statue de la Liberté a dû se voiler la face de tristesse et de honte.

Tous les intérêts de la nation sont en souffrance.

La religion est l'objet des plus injustes attaques.

L'agriculture traverse une crise dont il est impossible de prévoir la fin.

L'industrie végète. — Le commerce languit.

La misère s'étale. — La gêne est manifeste. Elle est dans toutes les classes de la société, sans exception.

Et chose plus grave : Les hommes ont perdu leur énergie. Certainement il leur en resterait encore pour savoir mourir ; il ne leur en reste plus pour savoir vivre en hommes résolus à lutter, avec une persévérance froide et une volonté invincible, contre les difficultés d'une situation dont la solution paraît inextricable. N'ayant jamais eu foi en eux-mêmes, ils avaient au moins autrefois confiance dans le gouvernement, quel qu'il fût, du reste. De lui on attendait toujours le salut. Il pouvait tout; il devait tout faire. On commence à n'y plus tant compter, et, disons-le : en cela on n'a pas tort.

CARACTÈRE SOCIAL DES MAUX DONT LE PAYS SOUFFRE.

Un peuple qui souffre à ce point dans tous ses intérêts est atteint, évidemment, d'un mal organique appelé social par les économistes.

Il est clair, en y réfléchissant, qu'un gouvernement, si mauvais qu'on le suppose, ne saurait être seul l'auteur de telles calamités.

Le gouvernement de la République, ce n'est pas douteux, a pu, par son imprudente politique et par l'inhabileté de ses chefs, aggraver le mal existant, au lieu d'en pallier les effets par de sages mesures législatives.

Sa responsabilité ne saurait aller au delà.

Ainsi, dans l'ordre domestique, le gouvernement de la République peut être accusé, avec raison, d'avoir accru la désorganisation de la famille en autorisant le divorce, en tolérant la publication d'écrits irréligieux, immoraux ou attentatoires aux sentiments d'ordre et de respect dus à l'autorité du père de famille, en se substituant à lui dans l'éducation de ses enfants. On ne saurait prétendre que c'est le gouvernement de la République qui a détruit cette grande école de la famille où, de tout temps, les hommes se sont formés.

Nul n'ignore que les socialistes d'État, auteurs du Code civil, sont les principaux coupables, et qu'ils comptent des adeptes nombreux dans tous les partis!...

Dans l'ordre religieux, le gouvernement de la République peut être accusé d'avoir inquiété les consciences et porté atteinte à leur liberté en proscrivant de l'école l'enseignement de la religion catholique, qui est celle de l'immense majorité des Français; on ne saurait le rendre responsable de ce fait que, depuis un siècle, le clergé ne jouit plus de cette pleine indépendance que réclame l'exercice de sa mission divine.

Dans l'ordre civil, le gouvernement de la République peut être accusé d'avoir multiplié le nombre des parasites qui mangent à ce grand râtelier du budget, sans cesse entretenu par l'élément de la nation qui travaille et produit ou fait travailler et produire, et d'avoir ainsi détourné un plus grand nombre de personnes des professions qui enrichissent un pays.

On peut l'accuser encore d'avoir diminué les garanties de protection que tout citoyen a le droit d'exiger de l'État, en portant atteinte à l'indépendance de la magistrature, transformée, comme presque toutes les institutions, en un simple rouage administratif et politique.

On ne saurait lui imputer à crime le manque d'esprit d'initiative d'hommes habitués par des siècles d'absolutisme à ne jamais compter sur eux-mêmes. — On ne peut pas davantage le rendre responsable de ce qu'une élite peu nombreuse est seule à comprendre que la liberté n'est assurée que si, écrite dans la législation, nul pouvoir n'est au-dessus d'elle, et si des hommes d'un jugement supérieur, et en possession de la plus absolue indépendance, sont chargés de l'interpréter.

Dans l'ordre politique, le gouvernement de la République peut être accusé d'avoir aussi mal gouverné que possible dans ces dernières années ; par suite, d'avoir lésé des intérêts très importants.

Si le suffrage universel ne porte le plus souvent aux affaires que des hommes médiocres, absolument dénués de toutes connaissances réelles, soit sociales, soit politiques, soit administratives, ce n'est pas la République qui en est cause.

Ne l'oublions pas : Le suffrage universel exercé à l'état de confusion des intérêts sociaux, a une préférence marquée pour les hommes sans portée, soit qu'il redoute la supériorité intellectuelle de chefs intelligents, soit qu'il soit incapable de comprendre que les liens sociaux de toute société démocratique étant très faibles, il est nécessaire de suppléer à leur faiblesse par le mérite des hommes appelés à gouverner.

M. Reinach, dans un article récent, constatait le même fait.

Après avoir établi que dans la vie privée chacun recourt au meilleur médecin quand il est malade, à l'architecte le plus habile quand on bâtit, comptant bien qu'ils sauront le mieux appliquer les principes, l'un de la physiologie et de la thérapeutique, l'autre de l'architecture, il ajoute :

« S'agit-il de politique ? Tout change !

« Le premier microcéphale venu, le dernier même, paraît apte « aux plus grands rôles. Il sera tour à tour destiné aux postes « administratifs les plus élevés.

« On le verra successivement ministre ici, ministre là, ministre « ailleurs. On érigera en dogme que les personnages les plus « effacés, les plus ternes, les moins instruits, les moins capables, « sont les plus particulièrement désignés pour gouverner.

« On ne les prendrait pas pour premiers commis chez Potin, « pour premiers clercs chez Mᵉ Lebègue : on les proclame indis- « pensables pour diriger leur pays !

« Où cette façon de comprendre la politique a conduit la Ré- « publique, on le voit.

« Où elle conduirait rapidement la France, pour peu que les « choses continuent, il n'est que trop aisé de le comprendre.

« Il faut en finir, il n'est que temps d'en finir !

« Plus de nullités ! plus d'incapables ! Des hommes, Monsieur « le président de la République, des hommes, et les meilleurs !

« Il y va de l'existence de la République, de l'avenir même de la
« patrie ! »

M. Carnot pourrait faire à M. le rédacteur en chef de la *République française* une réponse très simple.

Il n'aurait qu'à lui dire :

Je vous trouverai les hommes que vous demandez et que le gouvernement du pays réclame, lorsque le suffrage universel uniforme exercé à l'état de confusion de tous les intérêts sociaux, cette arche sainte, à laquelle aucun de vous n'ose toucher, en aura peuplé le Parlement.

D'ici là, rien à faire, car les éléments me manquent, et ils continueront à me manquer tant que l'équilibre politique aura été rompu au profit plus ou moins bien établi de la partie la moins éclairée et la moins raisonnable de la nation.

M. Renan ne pense pas différemment.

Dans son récent discours à l'Académie française, ne disait-il pas, en parlant du suffrage universel uniforme :

« On commit de gaieté de cœur l'erreur capitale qui est de
« déférer à la masse la question qu'elle sait le moins résoudre,
« la question de la forme du gouvernement et le choix du sou-
« verain. L'enfant de dix ans, à qui on avait donné impru-
« demment les droits de la majorité, fit des sottises ; quoi de
« surprenant à cela? On demandait de la raison à cette foule
« qui, le même jour, peut se montrer dupe du plus grossier
« charlatanisme et sottement accueillante pour toutes les calom-
« nies. On s'imaginait que, sans dynastie, on peut constituer
« un cerveau permanent à une nation. De là, une fâcheuse
« diminution de la raison centrale ; le *sensorium commune* de
« la nation se trouva réduit à presque rien.

« Avec de précieuses qualités de courage, de générosité, d'a-
« mabilité, la mieux douée des nations, pour avoir laissé des-
« cendre trop bas son centre de gravité intellectuel et moral,
« vit ses destinées remises aux caprices d'une moyenne d'opi-
« nion inférieure à la portée d'esprit du souverain le plus mé-
« diocre, appelé au trône par les hasards de l'hérédité. »

Dans l'ordre social, la République a compromis les intérêts agricoles et industriels par sa déplorable administration financière et politique. Au lieu de tout acheter dans le pays même, en s'adressant directement aux producteurs, elle est hantée de l'idée fixe de recourir, pour les fournitures de l'armée, de la marine et des administrations, à l'étranger ou à des intermédiaires inutiles qui absorbent tous les profits.

Pourquoi donc ne pas faire rentrer dans les mains des malheureux contribuables ce qui ne cesse d'en sortir par l'impôt, ce drainage à jet continu?

C'est cependant très simple :

Les officiers de remonte achètent bien des chevaux de cavalerie et d'artillerie aux cultivateurs. Serait-il plus difficile à des officiers de l'intendance d'acheter de la même façon des froments et des bœufs, et tout objet d'alimentation nécessaire à la nourriture des soldats, et pour les dépôts de cavalerie des avoines et des fourrages?

Mais la République ne saurait être seule responsable de la désorganisation de tous les ateliers de production, agricoles, industriels ou commerciaux, causée par une altération profonde de la famille, altération déjà ancienne, quoique ses effets ne se fassent vraiment sentir que depuis quelques années, à l'instar de ces maladies terribles dont on ne constate l'existence que lorsqu'elles ont déjà produit dans le corps du malade d'affreux ravages.

Dans l'ordre économique, on peut reprocher à la République de n'avoir pas réagi contre les désastreuses utopies libres-échangistes, en renouvelant des traités de commerce vraiment désastreux pour nos produits; on ne saurait prétendre qu'elle les a, pour la première fois, appliquées en France.

LA RÉVOLUTION RESPONSABLE D'AVOIR MINÉ LES ASSISES MÊMES DE LA FRANCE.

Non, soyons francs et ayons le courage de le reconnaître :

Les vrais auteurs responsables du mal effrayant dont souffre la patrie, ce ne sont ni les républicains seuls, ni les bonapartistes seuls, ni les royalistes seuls, ce sont et les uns et les autres; c'est vous, c'est moi, c'est tout le monde.

Il en est d'une nation comme d'un individu.

Pour recouvrer la santé, la première condition demandée par le médecin est que le malade se rende, tout d'abord, un compte bien exact de la nature de son mal. C'est absolument indispensable.

S'il prend pour de la santé ce qui est de la maladie, c'est fini. Il n'y a plus qu'à attendre que le temps ait accompli son œuvre de mort. Le malade est perdu.

N'est-ce pas le cas de notre infortuné pays?

Il y aura tout à l'heure un siècle que la vieille constitution séculaire du royaume a été détruite.

Depuis cette époque, la Révolution règne en souveraine dans nos lois civiles, dans nos institutions politiques et sociales, comme aussi dans les idées et les mœurs de l'immense majorité des Français.

Or, aujourd'hui, après l'apparition des ouvrages de Le Play, de tous les disciples de son école, de l'historien analyste, de M. Taine, de Mgr de Freppel, qui oserait le contester?

La Révolution nous a valu, sinon la ruine absolue, du moins un affaiblissement vraiment alarmant des quatre sociétés dont le pouvoir public n'est qu'une résultante, à savoir :

De la société domestique, autrement dit de la famille ;

De la société civile, c'est-à-dire des administrations civiles et des magistratures à tous les degrés ;

De la société politique, ou du Parlement et de l'armée ;

De la société religieuse, ou de l'Église.

LA SOCIÉTÉ DOMESTIQUE.

Les principes de la Révolution ont porté atteinte à l'autorité dont le père a besoin pour exercer sa mission. L'affaiblissement de la famille en a été la conséquence. Avec cet affaiblissement, les grandes qualités physiques et morales qui font les grandes races et les entretiennent telles, sont devenues de plus en plus rares ; elles tendent même à disparaître complètement.

Respect de l'autorité paternelle, solidarité entre les membres d'une même famille, esprit de sacrifice et de dévouement pour la conservation du foyer dont on est sorti, simplicité dans les goûts, virilité des mœurs, hauteur de vues, mépris de tout amour exagéré des richesses, sentiments vraiment chrétiens, autant de choses dont on sourit tout bas quand on n'a pas le cynisme d'en rire tout haut.

La moralité baissant, la population française a cessé d'augmenter. Les statistiques en témoignent.

Nous verrons dans un instant ce qu'elles relatent.

Ce n'est pas tout. Un fait non moins grave a été constaté : l'énergie nécessaire pour s'adonner à la culture de la terre diminue. L'agriculture souffre bien moins d'une foule de raisons journellement mises en avant que de cette cause primordiale devant laquelle les autres pâlissent. On ne veut plus travailler la terre. C'est trop pénible. Le courage, la persévérance, l'esprit d'abnégation nécessaires font défaut.

Avant tout, il faut jouir. On court alors aux endroits où est le plaisir, à la ville, à la foire, au cabaret. Là, on rencontre le démagogue beau parleur, épicier ou sous-vétérinaire du village. Entre deux chopes de bière, l'oracle du lieu démontre à tous ses auditeurs que si tout va mal, la faute est aux cléricaux, mais surtout à leurs chefs, les curés !... (*Sic.*)

Que répondre à de si puissantes raisons ?

D'où affaiblissement de l'atelier agricole, premier foyer de vie de la nation.

DE LA SOCIÉTÉ CIVILE.

Prétendre que la désorganisation de la société civile est due exclusivement à la Révolution, ce serait aller trop loin. Déjà, depuis longtemps, l'ancien régime avait commencé l'œuvre; il avait travaillé de mille façons à la ruine de la noblesse : ne lui avait-il pas fait prendre les mœurs licencieuses de la Cour où il l'avait conviée à se rendre pour mieux l'asservir? N'avait-il pas multiplié les titres purement honorifiques de manière à leur retirer toute valeur? Pour remplir son rôle social et conserver son influence, il était nécessaire que l'entrée des fonctions gratuites d'administration et de justice ne fût pas presque absolument interdite à la noblesse. La justice du Roi s'exerçant partout directement par les cours royales, l'avait condamnée à des loisirs forcés au point, dit Tocqueville, de réduire ses membres à n'être plus que les premiers habitants de leur commune. La défense faite aux cadets de la noblesse de s'occuper, sous peine de déchéance, d'industrie et de commerce, et l'obligation où ils étaient de faire la guerre à leurs frais, avaient également amené cette ruine [1].

Par la multiplicité de ses règlements relatifs à l'organisation du travail, l'ancien régime avait paralysé le développement de l'atelier industriel; c'est aussi à lui qu'est due cette œuvre néfaste de la centralisation administrative. Il l'a inaugurée le jour où il a détruit les assemblées provinciales et les assemblées d'État pour substituer à leur administration celle des intendants royaux chargés de tout faire. Cette faute eut pour conséquence d'étouffer chez les citoyens l'esprit d'initiative individuelle.

Heureusement la forte constitution de la famille et l'influence de l'Église avaient atténué les effets désastreux de l'absolutisme royal. Sans doute, en 1789, la France était encore loin d'avoir recouvré la prospérité qu'Olivier de Serres lui reconnaissait du temps de Henri IV; elle était néanmoins en bonne voie de relèvement. C'est ce que prouve sa situation si prospère pendant le règne de Louis XVI. Mais la Révolution a tenu à imiter et à exagérer les défauts de l'ancien régime.

Afin de multiplier le nombre des employés de l'État et accroître ainsi le chiffre de son état-major, elle a compliqué sans raison les rouages de l'administration et augmenté la force du pouvoir central.

Sous le prétexte mensonger d'affranchir l'ouvrier, elle l'a obligé pour vivre à se faire concurrence à lui-même, ce qui ne s'était jamais vu auparavant. N'a-t-elle pas détruit les corpo-

[1] Montesquieu a remarqué fort justement que la noblesse française avait, pendant des siècles, servi son pays avec son sang et le capital de ses biens.

rations protectrices des intérêts matériels de l'ouvrier, et les confréries, sauvegarde de ses intérêts moraux ?

« Le travail de l'ouvrier devenu une marchandise, dit M. le « comte de Mun, a été livré sans contrepoids à la loi de l'offre « et de la demande. Dès lors l'ouvrier a cessé d'être libre, « parce que, dans la lutte, dont son travail est l'enjeu, il est le « plus faible et doit subir la loi du capital qui est le plus fort. »

La Révolution ne s'est pas contentée de faire de l'ouvrier un esclave dont la servitude est née d'une prétendue liberté qui n'est que de l'isolement; elle a voulu réduire plus ou moins tous les citoyens à cet état infamant, honte de notre temps.

L'homme n'est véritablement libre que s'il est affranchi de la toute-puissance d'un autre homme, du despotisme de la loi ou de l'arbitraire d'un corps qui, sans avoir de compte à rendre à personne de ses actes, peut, à son gré, le frapper dans la possession libre de ses biens, dans son autorité sur ses enfants, ou dans ce qui est son gagne-pain et celui de sa famille.

L'équité commande que l'homme soit le maître incontesté de la fortune *dont il est l'auteur*, qu'il puisse librement élever, selon la loi de Dieu, ceux auxquels il a donné la vie, et, s'il est fonctionnaire de l'État, qu'on puisse le révoquer de ses fonctions uniquement pour des motifs d'ordre exclusivement professionnel. La loi dispose de la manière la plus savante que le père n'est ni maître de ses biens, ni libre d'élever son fils en chrétien, ni assuré, s'il sert l'État (dans toute autre fonction que celle de l'armée), de conserver sa situation, qui peut lui être enlevée sans qu'un jugement vienne motiver cette mesure arbitraire.

Refuser au père la liberté de tester, et d'instruire ses enfants selon ses principes, tolérer la révocation arbitraire des fonctionnaires publics, n'est-ce pas porter atteinte aux droits de la conscience et à ceux de la propriété matérielle et de la propriété morale? Or, un des premiers actes de la Révolution fut de supprimer tous les tribunaux spéciaux, protecteurs de l'indépendance du citoyen, de sa propriété et de son travail.

Ces tribunaux garantissaient cependant « le jugement par les pairs » de nos ancêtres, et de tous elle n'a conservé que les tribunaux militaires, sur le modèle desquels, au contraire, devraient exister autant de tribunaux particuliers qu'il y a de catégories de fonctionnaires publics et de professions [1].

On a érigé l'arbitraire en droit et par là même avili les âmes, car le despotisme des puissants engendre la docilité servile des faibles. Quoi d'étonnant, après cela, que le caractère, l'énergie

---

[1] Il est vrai que de tels tribunaux existent, notamment pour les membres de l'instruction publique; mais on sait la façon dont ils fonctionnent.

(*Note de l'auteur.*)

et la volonté, ces signes distinctifs de l'homme vraiment libre, soient des qualités si rares ?

Ne l'oublions pas :

La force de la société civile réside dans l'esprit d'initiative de ses membres.

Si, confiants dans leur énergie, ils ne demandent qu'à eux-mêmes leurs moyens d'existence et leur réussite dans la vie, ils développent toutes les richesses que le travail et l'intelligence font naître ; travaillant à leur propre élévation, ils augmentent la richesse de leur pays dont ils multiplient les relations commerciales et aux produits duquel ils procurent ainsi des débouchés nouveaux ; au contraire, si, dépourvus de tout esprit d'initiative, ils demandent tout à l'Etat, ils entravent le développement de la fortune publique, fruit du travail et de l'intelligence ; ils accroissent les charges du budget national, dont le poids retombe tout entier sur ceux qui ont embrassé des professions indépendantes.

Or, comment les jeunes gens, en France, songeraient-ils à entrer dans les carrières libres et à embrasser les professions indépendantes, quand ils savent que toute industrie créée par eux est condamnée d'avance à sortir de leur famille, s'ils se marient et si leurs enfants sont nombreux ; que tout comptoir commercial est voué au même sort ; que toute propriété rurale ayant une valeur dépassant une part d'enfant, a le même avenir ; enfin, qu'une poignée d'utopistes ont livré le pays agricole, industriel et commercial à une concurrence étrangère qu'il ne peut supporter à cause, tout à la fois, et des impôts écrasants sous le poids desquels il succombe et des vices criants de l'organisation sociale ?

D'où affaiblissement de ce qui fait la force d'un peuple :

L'esprit d'entreprise, la hardiesse dans les conceptions, l'esprit de légitime indépendance, la persévérance dans les desseins.

DE LA SOCIÉTÉ POLITIQUE.

Quand, en 1789, la Révolution a voulu achever la destruction de la société politique, elle n'a eu qu'à suivre la voie tracée par la royauté absolue.

M. Coquille signale un fait digne de remarque :

« L'Assemblée des notables de 1787, dit-il, se composait « de hauts fonctionnaires ou dignitaires. Personne n'y assistait « à titre de propriétaire. Cependant, il s'agissait de l'établisse- « ment des impôts, et le Roi consultait ceux qui vivaient des « impôts, au lieu de s'adresser à ceux qui, comme propriétaires « ou cultivateurs, commerçants et industriels, étaient les dé- « tenteurs ou les producteurs de la richesse publique ! »

Les États généraux du royaume, qui avaient souvent donné des conseils si excellents et si fermes à la couronne, étaient restés pendant cent soixante-quinze ans, de 1614 à 1789, sans avoir été une seule fois convoqués.

La transformation des pays d'états en pays d'élection était presque achevée. Les états du Languedoc, de Bretagne et d'Artois subsistaient seuls. Les détenteurs du sol quels qu'ils fussent, nobles, bourgeois ou paysans lettrés, privés, avons-nous vu, de la possibilité de remplir gratuitement les fonctions judiciaires et d'occuper les administrations locales, passaient leur temps à faire des spéculations philosophiques et antisociales, à lire les ouvrages de Voltaire, de Diderot et de Rousseau, au lieu d'apprendre, par la pratique même, comment on administre un pays et comment on peut devenir ainsi un membre utile des assemblées délibérantes, au lieu de n'y être qu'un songe-creux et une cymbale retentissante.

Le suffrage universel ordonné trouvait dans l'organisation des États généraux son expression presque complète. Ne suffisait-il pas de payer une contribution de trois livres pour avoir le droit de voter au bailliage?

Le clergé y représentait les intérêts religieux de la nation; la noblesse, les intérêts de la terre qu'elle possédait, de la famille et de l'homme social; le Tiers, les intérêts de l'industrie et du commerce; les syndics des corporations ouvrières qui avaient le droit de présence aux états, les intérêts du travail.

Si à ces trois ordres on avait ajouté un quatrième, comme en Suède, *celui des paysans, propriétaires et cultivateurs,* la vraie solution sociale d'une organisation rationnelle du suffrage universel était peut-être trouvée. Il aurait suffi de faire à chacun de ces quatre ordres du royaume certaines adjonctions de capacités semblables à celles qui ont été introduites plus tard dans la confection de nos multiples lois d'élection, pour donner satisfaction aux intérêts de tous.

Mais la Révolution avait bien autre chose à faire que de s'occuper de réformes réelles et utiles.

Conduite par une troupe de rhéteurs qui possédaient tous un vrai talent pour cacher le vide absolu de leurs idées derrière des phrases harmonieusement construites et pompeusement débitées, elle n'a eu qu'une pensée, détruire ce qui restait encore debout de la hiérarchie sociale. Une société est un peu comme une armée : sans ses cadres, qui en font un corps vivant, agissant avec ordre, méthode et énergie, elle n'est plus qu'un troupeau, comme une armée privée d'officiers et de sous-officiers n'est plus qu'une troupe.

En 1789, la nécessité s'imposait de refaire, de refondre au moins les cadres de la société. La Révolution les a détruits. —

C'était plus simple. — Mais la théorie de la table rase est la théorie du vandale incapable d'en concevoir une autre.

Aussi, voyez ce que la Révolution a fait de notre France, jadis si grande et si forte ! ! !

Aux simulacres d'institutions qu'elle a tenté de fonder pour remplacer celles qu'elle a détruites quel sort est dévolu, à l'heure actuelle, après un siècle de durée?

Toutes les institutions de la société politique sont sans cesse corrompues par les éléments dissolvants qu'y apportent, à chaque heure, ces milliers de jeunes gens sortis de foyers d'où ils ne rapportent que des idées d'insubordination, d'orgueil, de paresse, de vénalité et d'irréligion.

Les institutions politiques d'un peuple, par cela même qu'elles sont politiques, doivent surtout avoir pour but la protection des intérêts généraux du pays.

On semble ne les avoir établies en France que pour servir les intérêts personnels des particuliers.

C'est ainsi qu'au lieu de développer dans l'armée, dans la magistrature, dans les administrations l'esprit de corps, on a fait de leurs membres autant de rivaux qui, dans bien des cas, ont une préoccupation principale, primant l'intérêt du corps dont ils font partie, « leur avancement personnel ».

Ainsi le Parlement devrait être composé de telle façon que les choses, *the things*[1], soient toujours assurées d'être représentées par leurs détenteurs appelés à le composer en majorité.

Au lieu de cela, que fait-on ?

On confie le mandat de député ou de sénateur à des hommes qui, tenant uniquement leurs pouvoirs des volontés particulières d'électeurs dont la plupart n'ont à défendre que des intérêts personnels, ne sauraient que très exceptionnellement représenter les intérêts généraux de la nation.

« Il y a une honteuse ignorance, a dit de Bonald, à croire que
« les affaires publiques doivent être conduites par d'autres rè-
« gles que celles que le bon sens de tous les pays a établies pour
« la conduite des affaires privées. Dans toute entreprise com-
« merciale, dans toute association d'intérêts privés, banque pu-
« blique, compagnie d'assurance, ou pour le dessèchement des
« marais, ou construction de canaux, etc., le dividende se par-
« tage également entre tous les actionnaires ou plutôt entre
« toutes les actions ; mais le droit de suffrage dans le conseil
« de l'entreprise et la direction des affaires communes sont im-
« posés comme une charge sans rétribution aux plus forts
« actionnaires, et qui ont même un nombre déterminé d'ac-
« tions, comme à ceux à qui l'on doit supposer plus de loisir,
« d'intérêt et de lumières.

---

[1] Intérêts de la terre, de l'industrie, du commerce, *land interest and trading interest*. — Voir *Commentaires de la loi d'Angleterre*, par Blackstone.

« Dans le règlement des dettes d'un failli, c'est également la
« somme des créances et non le nombre des créanciers qui
« règle le rang à prendre et détermine les arrangements. »

« Ces comparaisons sont exactes, parce que les termes sont
« semblables s'ils ne sont pas égaux, et de là vient que le nom
« de Société a été donné à toute association d'intérêts privés,
« comme aux grandes associations des intérêts publics qu'on
« appelle États ou familles. »

« Du reste, dit encore le même auteur, une loi d'élection,
« quelle qu'elle soit, n'est au fond qu'une manière plus ou
« moins directe d'interroger l'esprit et l'opinion d'une nation.
« *Ainsi, faites une nation ce qu'elle doit être, et elle vous ré-*
« *pondra ce qu'elle est.* »

Et plus loin il ajoute :

« Dès que la loi proclame l'égalité entre les individus, elle
« doit se hâter, sous peine de tout jeter dans la confusion et le
« désordre, d'établir l'équilibre entre les forces, entre la force
« morale et la force physique, et par les fonctions morales
« qu'elle attribue à l'une, compenser la supériorité des forces
« physiques que son nombre et sa pauvreté même donnent à
« l'autre.

« Là, et là seulement, est l'harmonie de la société qui en
« constitue l'ordre ou la distribution proportionnelle des forces
« différentes ; ordre en tout semblable à l'harmonie physique
« qui consiste, pour les yeux comme pour les oreilles, dans
« la combinaison de différentes couleurs ou de différents tons ;
« *et là où il n'y aurait qu'un ton et une couleur, il n'y aurait*
« *ni musique ni peinture, mais bruit et confusion.* »

DE LA SOCIÉTÉ RELIGIEUSE.

Depuis la Révolution, l'Église de France a perdu son autonomie.

Simplement tolérée par l'État, qui paye ses ministres pour
pratiquer le culte divin, elle ne tient plus à lui que par les
fonctions salariées qu'elle remplit, et ce salaire (on ne saurait le
rappeler trop souvent) n'est que l'intérêt calculé à un taux
infime d'une dette énorme, toujours impayée, représentant ses
biens confisqués.

Ainsi, il y a encore des prêtres, mais plus de sacerdoce ; des
gages viagers, mais point de propriété durable.

L'autorité civile reconnaît cependant la religion, mais elle la
réprime dans les œuvres religieuses ; elle ne lui permet plus de
présider à l'éducation, de se montrer à la tête des armées, des
flottes, des hôpitaux, des prisons, etc.; l'administration l'en-

toure d'un œil jaloux, traverse ses progrès, tarit son recrutement et traite la colonne de l'État en ennemie de l'État.

Relégués dans la sacristie, où ils sont gardés à vue, les ministres de la grande victime du Calvaire ne peuvent plus exercer leur apostolat dans toute sa plénitude de puissance. On leur a tracé un cercle très étroit en dehors duquel ils n'ont plus le droit de semer la parole de vérité, et, pour mieux étouffer cette parole, les institutions du pays viennent combattre de toutes façons leur enseignement.

En faut-il davantage pour frapper d'impuissance les actes du prêtre?

Il semblerait vraiment que c'est pour l'Église de France, au dix-neuvième siècle, que saint Luc a écrit sa célèbre parabole :

« Un homme sortit pour semer son grain; et comme il se-
« mait, une partie du grain tomba le long du chemin, où il fut
« foulé aux pieds, et les oiseaux du ciel le mangèrent. Une
« autre partie tomba sur un endroit pierreux, et le grain, après
« avoir levé, sécha faute d'humidité. Une autre partie tomba
« dans les épines, et les épines, venant à croître en même temps,
« l'étouffèrent. Une autre partie tomba dans une bonne terre,
« et le grain, ayant levé, porta du fruit et rendit cent pour un. »

Cette semence, n'est-ce pas la parole du prêtre, impuissante à accomplir en France dans la société religieuse son œuvre de régénération des mœurs et des caractères tant qu'elle est condamnée à opérer dans un milieu où tous ses enseignements sont sans cesse combattus dans la famille, dans la société civile, dans la société politique?

La famille, n'est-ce pas l'endroit pierreux où la semence de vérité, après avoir levé, sèche faute de bons exemples?

La société civile et la société politique, ne sont-ce pas les épines qui, étouffant la parole de vie, l'empêchent de produire ses fruits?

RESPONSABILITÉ DE TOUS DANS LES MAUX DE LA PATRIE.

Au début de la Restauration, c'était, je crois, en 1817, un écrivain royaliste de grand talent fit paraître, dans une revue appelée *le Conservateur*, un article resté célèbre qui avait pour titre : *Comment une nation peut périr*. Quinze jours plus tard, il en publiait un second, intitulé : *Comment une nation, penchant vers sa ruine, peut revenir à la vie*.

Depuis l'apparition de ces articles, soixante-douze années se sont écoulées.

Aucun des remèdes indiqués n'a été appliqué. L'auteur démontrait que la France, étant socialement malade, ne pouvait être guérie que par des remèdes d'ordre social.

On ne propose jamais au pays que des remèdes d'ordre politique.

Les républicains disent : « La panacée universelle, c'est la
« République. »

Les bonapartistes s'écrient : « Essayez d'un bon sabre, tout
« est là. »

Les royalistes assurent que tout sera sauvé le jour où le Roi
légitime couchera dans le palais de Versailles.

Les catholiques affirment, de leur côté, que s'ils étaient maîtres du pouvoir, le pays serait guéri pour toujours.

Les républicains ne veulent pas reconnaître les ruines morales et matérielles que leurs gouvernements ont toujours amenées.

Les bonapartistes oublient que les gouvernements qu'ils préconisent ont, deux fois, par leurs fautes, attiré sur le territoire national l'invasion étrangère ; bref, que le fameux règne du sabre a toujours vu ses opérations se solder, en fin d'exercice, par un amoindrissement du territoire de la patrie.

Les royalistes oublient que le fait pour le Roi de coucher aux Tuileries ou à Versailles n'a empêché de s'accomplir ni la révolution de 1830 ni celle de 1848 ; que c'était en pleine restauration bourbonienne qu'a été poussé le premier cri d'alarme, et que tous les gens de bien ont été conviés à apporter des remèdes de l'ordre social à une société jugée mal assise par tous les vrais penseurs, *malgré la présence du Roi à sa tête.*

Suffit-il, en effet, de mettre un arbre en terre pour qu'il tienne debout ?

Préparer le terrain pour permettre à ses racines de se développer, n'est-ce pas absolument indispensable ?

Les catholiques oublient, eux aussi, qu'il leur faut trouver des collaborateurs dans la nation pour faire pénétrer les principes chrétiens dans les lois civiles, dans les institutions politiques, dans les mœurs des citoyens ; que ce n'est qu'à la condition prescrite par l'Évangile qu'ils feront de sérieux adeptes, et verront lever la semence de vérité.

« La liberté, dit le saint Pontife qui gouverne l'Église,
« consiste en ce que, *par le secours des lois écrites,* nous
« puissions plus aisément vivre selon les prescriptions de la
« loi éternelle. »

« Car, dit encore Léon XIII, ce que la raison et la loi naturelle font pour les individus, la loi humaine promulguée
« pour le bien commun des citoyens l'accomplit pour les
« hommes vivant en société[1]. »

Aucun parti politique n'a encore songé à fonder sur des lois rationnelles et légitimes, par suite solides :

[1] *De la liberté humaine.* Lettre encyclique de Notre Saint Père Léon XIII
(20 juin 1888).

Iᵒ Une société domestique morale, énergique, stable, féconde ;

IIᵒ Une société civile libre dans sa sphère d'action, gardienne de l'indépendance de la famille, conservatrice de la propriété sous toutes ses formes, de l'agriculture, de l'industrie, du commerce, protectrice de tous les intérêts ;

IIIᵒ Une société politique disciplinée, sérieuse, intègre, sûre de son lendemain, s'appuyant sur les intérêts de tous et de chacun ; bien défendue par une représentation nationale, véritable expression de la volonté générale, chargée de veiller à leur garde et non de les sacrifier, comme à plaisir, pour satisfaire aux convoitises d'une populace avide, pompeusement décorée du nom de peuple ; comme si *la plèbe* était le peuple [1].....

IVᵒ Une société religieuse en mesure de remplir vraiment et utilement sa mission, du jour où tous ses enseignements, au lieu d'être combattus dans la famille, dans la société civile et dans la société politique, trouveront dans ces sociétés autant d'auxiliaires.

Si, comme tous les partis en France le prétendent, le mal dont le pays souffre était d'ordre politique, il n'est pas douteux que, depuis un siècle, un des dix-sept gouvernements que nous avons eus dans cet espace de temps, eût porté, dans sa trousse de docteur, le remède capable de redonner au pays sa vigueur d'autrefois.

Et puisque aucun de ces gouvernements n'a pu guérir la France, n'avons-nous pas le droit de leur dire à tous : « Vous ne possédez aucun de vous le remède cherché » ?

APERÇU HISTORIQUE. — LA RÉVOLUTION ANGLAISE DE 1648. — LA RÉVOLUTION FRANÇAISE DE 1789.

En comparant les effets de la Révolution française de 1789 avec les résultats atteints par la Révolution anglaise de 1648, l'inanité des remèdes d'ordre purement politique est démontrée mieux encore.

---

[1] « Le peuple, a dit le grand orateur de Rome, le peuple *n'est pas toute* « *assemblée de peuple,* c'est *l'assemblée du peuple* faite conformément au « droit et à l'utilité commune. »

Du reste, le peuple lui-même n'a pas plus qu'un roi le droit de commander ce qui est contraire à la loi divine écrite ou non écrite.

« La puissance publique, a dit encore Léon XIII, n'émane pas de la multi- « tude comme de sa source première. De même que la raison individuelle « n'est pas pour l'individu la seule loi qui règle la vie privée, de même la « raison collective n'est pas davantage, pour la collectivité dans l'ordre des « affaires publiques, la seule loi qui règle la vie publique ; la puissance « *n'appartient pas au nombre, et les majorités ne créent pas seules le droit* « *et le devoir.* »

L'histoire, cette maîtresse de la vie humaine et de la politique, au dire du grand Bossuet, nous donne un enseignement dont la gravité n'échappera à personne :

Deux grandes nations, la France et l'Angleterre, ont été, à un siècle et demi de distance, visitées par une grande révolution sociale.

Dans ces deux commotions nationales, la société, violemment troublée, a souffert.

La tête de Louis XVI est tombée sous la hache du bourreau, comme celle de Charles Ier.

Comme les Stuarts, les Bourbons ont été exilés. La Convention a rappelé, par ses actes, le Long Parlement ; la République a été proclamée, puis un soldat a saisi la dictature. Mais là s'arrêtent les traits de ressemblance.

Sans doute, une fois la Révolution de 1648 accomplie, la société anglaise a été longtemps agitée. Les Stuarts, après avoir reparu, comme plus tard les Bourbons en France, ont repris, eux aussi, le chemin de l'exil.

Mais enfin, la nation a fini par retrouver sa base.

L'orage a passé, ne laissant dans les esprits qu'un souvenir historique

L'ordre a eu, dans la société, le dernier mot. La prospérité publique s'est accrue, et la liberté est sortie victorieuse de la lutte.

Bien plus, c'est de 1648 que date pour l'Angleterre le début de son incroyable prépondérance ; elle couvre les mers de ses vaisseaux, les Amériques, l'Océanie et les Indes de ses enfants.

La race anglo-saxonne ne voit pas de limites à sa prospérité.

Ses lois règnent chez tous les peuples sortis de son sein, et sa législation porte toujours son cachet de liberté ! — Dans une certaine limite, on peut même dire que ces peuples nouveaux font encore partie de la grande famille anglaise, tant son empire se prolonge sur eux par l'influence de sa littérature et de sa législation.

La France, au contraire, n'a cessé, depuis la révolution qu'elle a subie, d'être agitée et d'aller s'affaiblissant graduellement.

En 1789, elle était forte. Elle était, on peut le dire, une des premières puissances de l'Europe. Sa population dépassait vingt-six millions et s'accroissait rapidement. Tous les malheurs des règnes précédents avaient été réparés. A la paix honteuse de 1763 conclue avec l'Angleterre, avait succédé le traité glorieux de 1783.

L'empire des mers n'appartenait plus aux Anglais, depuis que notre marine égalait presque la leur et venait d'acquérir un immense prestige.

Les marines secondaires avaient été, par nous, rendues à la liberté.

Nous possédions des colonies florissantes : en Amérique, Saint-Domingue (qui ne songeait pas encore à la révolte), Tabago, Sainte-Lucie ; dans la mer des Indes, l'île de France et les Seychelles. Sur le continent, nous avions gardé la plupart des conquêtes de Louis XIV, et sur le sommet des tours de la double rangée des villes de guerre fortifiées par Vauban flottait avec majesté le vieux drapeau national illustré par quatorze siècles de conquêtes laborieusement et glorieusement acquises.

La France avait fixé ses limites.

Depuis, un siècle s'est écoulé.

Nous ne possédons plus Saint-Domingue, une révolte de nègres n'a pu, en 1802, être écrasée. Il s'agissait cependant de garder une colonie qui fournissait à notre commerce deux cents millions d'échanges [1].

La Louisiane est vendue à la république des États-Unis ; or, elle comprenait toute la partie ouest du Mississipi ; elle s'étendait jusqu'aux montagnes Rocheuses sur une longueur de trois mille milles anglais et une largeur de mille neuf cents. C'est ce que les Américains appellent le Far-West [2].

Sur nos places fortes frontières, notre drapeau a été remplacé par le drapeau prussien, et deux de nos plus belles provinces, l'Alsace et la Lorraine, sont, de par le droit de conquête, devenues allemandes !!!

A l'intérieur, la France présente les mêmes signes de faiblesse. Elle est en proie à une fièvre qu'on ne peut couper. Elle passe d'une révolution à une autre. Elle essaye de diverses républiques, de la dictature, de l'Empire, de la monarchie légitime, de la monarchie constitutionnelle, puis encore de la république, pour retomber dans le césarisme impérial.

Rien ne la calme.

L'expérience n'étant pas suffisante, elle fait un nouvel essai de la république sous les formes les plus variées.

Toutes les gammes du clavier populaire sont jouées tour à tour.

La note criarde de la République radicale n'est même pas exceptée.

Mais voici qui est plus fort : il est question de confier, pour la troisième fois, à la dictature du sabre la défense de nos existences, de nos libertés et de nos biens.

Naturellement, cette dictature, qui apparaît à l'horizon, se pare de l'étiquette républicaine nécessaire pour entrer dans la place.

Ne faut-il pas imiter les grands ancêtres ?

Le général Bonaparte et Louis Napoléon, avant de ceindre la

---

[1] Léonce de Lavergne, ou l'Économie rurale en France.

[2] Le traité qui donnait aux États-Unis les immenses territoires qu'on appelait alors « la Louisiane » fut signé par Napoléon Ier en 1803. Ce traité doublait la surface des États-Unis.

couronne impériale, ne se sont-ils pas dits républicains l'un et l'autre?

Tout homme qui connaît son monde ne doit-il pas tabler sur l'éternelle et insondable naïveté humaine, le peuple étant de tous les enfants le plus fou et le plus crédule, ce qui portait le comte de Maistre à dire « que le peuple était toujours fou, toujours enfant, toujours absent »?

N'est-il pas un peu semblable au mouton que le berger conduit à l'abattoir avec autant de facilité qu'au pré?

Ne repousse-t-il pas toujours les conseils de l'ami désintéressé qui lui dit franchement ses vérités, pour écouter les bons camarades qui, spéculant sur son aveugle confiance, lui font payer de son repos et souvent de sa vie leurs joyeuses orgies et leurs valeurs de bourse si aisément gagnées?

Les électeurs de Paris, après ceux du Nord et de la Somme, demandent un maître à tout prix.

Pourvu qu'il les débarrasse du soin d'agir et même de penser si c'est possible, il sera le bienvenu.

Son passé et celui de certains de ses alliés importent peu! Les graves conséquences que son avènement au pouvoir pourrait amener n'effrayent pas!

Napoléon Ier nous a valu la conquête!

Napoléon III nous a valu la conquête!

L'héritier de leur politique doit fatalement nous la coûter aussi, les mêmes causes amenant les mêmes effets. — Qu'à cela ne tienne!

Renversons d'abord le gouvernement. — Nous verrons après. — Vite, faisons un bon saut dans l'inconnu!

Mais ce gouvernement, qu'il faut à toute force mettre à terre, qui l'a porté au pouvoir?

Le suffrage universel uniforme.

Vous ne touchez pas à la cause, et vous espérez en changer les effets?

Vulgaire bon sens de nos pères, qu'es-tu donc devenu? Aurais-tu cédé la place à la folie sénile du vieillard affaibli qui touche à ses derniers moments? — L'étranger qui nous guette pourrait se poser cette question!

Nul homme n'est assez fort pour procurer le repos à ce malheureux pays. Les intentions les plus droites et les plus pures, le génie d'un capitaine sans égal, un machiavélisme que n'eussent pas désavoué Louis XI et Machiavel lui-même, le zèle ardent de républicains convaincus qu'il suffit d'inscrire sur les murailles les mots : « Liberté, Égalité, Fraternité » pour assurer à un peuple un bonheur jusqu'alors inconnu, tout succombe à la tâche, et le bâtiment désemparé de l'État va de plus en plus à la dérive, comme aurait dit Joseph Prudhomme, dont la comparaison cette fois eût été incontestablement juste.

Dix-sept gouvernements en un siècle! (Durée moyenne, six ans.)

L'histoire du Bas-Empire, dans ses plus mauvais jours, offre seule l'exemple d'une telle instabilité dans le pouvoir public.

C'est à rendre sceptique qui n'a pas une foi immense dans la vérité des principes sociaux méconnus; c'est à faire verser des larmes de sang à qui y croit!...

Pauvre France! si belle, si grande, toi que trouvent toujours debout et prête au sacrifice les plus nobles causes, être à ce point tombée, que tes gouvernements rappellent ces masses de sable formées par l'Océan, aujourd'hui là, demain disparues!...

L'Angleterre fonde sur son sol la liberté. Nous fondons sur le nôtre le despotisme, tour à tour exercé par plusieurs ou par un seul.

Dès le douzième siècle, nous possédions en Normandie le jugement par jury en matière civile; — à la fin du dix-neuvième siècle, nous en sommes encore à désirer cette sauvegarde sociale!...

En 1789, on nous a promis l'égalité devant la loi, et, dans tout conflit s'élevant entre nous et le gouvernement, nous ne sommes jugés que par des tribunaux d'exception dits tribunaux administratifs.

Cette impuissance de tous les gouvernements, République, Dictature, Empire, Monarchie, à prendre racine sur le sol de France, soulève un problème des plus curieux qu'il faudrait enfin s'efforcer de résoudre.

PROBLÈME SOULEVÉ PAR L'IMPOSSIBILITÉ DE FONDER EN FRANCE, DEPUIS LA RÉVOLUTION, UN GOUVERNEMENT DURABLE.

Il semble surabondamment démontré que l'impossibilité pour les gouvernements de se fonder en France doit tenir à des causes qui ne sont pas politiques, puisque ce défaut de stabilité est inhérent à tous les régimes.

Mais si ces causes ne sont pas politiques, que sont-elles donc? Tiendraient-elles à la religion confessionnelle du pays?

LA RELIGION CONFESSIONNELLE DU PAYS N'EST PAS LA CAUSE DE L'INSTABILITÉ DU GOUVERNEMENT.

L'Autriche est une monarchie catholique : le gouvernement y est stable.

La Russie est une monarchie schismatique : le gouvernement y est stable.

La Prusse, la Suède, la Norvège, la Hollande sont des monarchies protestantes : les gouvernements y sont stables. —

La Suisse est une république, partie protestante et partie catholique : le gouvernement y est stable. Enfin, l'Angleterre est une monarchie représentative protestante, et là encore le gouvernement est stable. — Il en est de même de la Belgique, monarchie constitutionnelle catholique.

Il nous faut donc écarter absolument la forme religieuse comme créant en France l'instabilité des pouvoirs publics.

Ces causes seraient-elles sociales ?

L'INSTABILITÉ DU POUVOIR PUBLIC EST DUE A DES CAUSES SOCIALES.

Examinons :

Nous constatons, tout d'abord, que chez ces peuples, une grande stabilité et une véritable indépendance sont garanties aux quatre sociétés dont le pouvoir public n'est que l'expression.

La société domestique est protégée, dans ses biens, par les lois successorales. Le père de famille en est vraiment le chef incontesté et libre. Il y exerce une véritable royauté, laquelle, existant à la base de l'édifice social, s'y reproduit, sans effort, au sommet, comme dans un appareil photographique qui reflète et fixe l'image placée devant lui.

Quand l'État intervient, par ses lois, ce n'est jamais pour affaiblir l'autorité du père ou pour dépecer à l'infini son petit domaine, c'est pour le protéger contre lui-même, contre les écarts possibles de sa conduite privée ou de son imagination, causes de ruine du dépôt sacré dont il a la garde.

La société civile est, par les règlements qui la régissent, assurée de jouir de pareils avantages.

Les corporations de toute nature possèdent des chartes qui les leur garantissent.

Les membres des administrations civiles sont revêtus de fonctions dont, lorsqu'elles ne sont pas inamovibles, ils ne peuvent être privés que pour manquement grave aux devoirs professionnels.

La société politique est dotée d'institutions formées d'éléments représentant tous les intérêts permanents de la nation.

La société religieuse possède des biens comme toute autre corporation de l'État. — Elle les administre en toute indépendance. — Elle élit ses chefs librement dans les limites de ses lois particulières. — Ses chefs, une fois nommés, sont inamovibles.

Voilà qui mérite réflexion !...

Ne serait-ce pas dans cette fixité et cette indépendance accordées chez ces nations à la famille, à la société civile, à la société politique, à l'Église, qu'il faut trouver les vraies causes de la stabilité de leurs gouvernements?

Si nous démontrons qu'en France elles font absolument défaut, qu'on ne saurait en constater l'existence dans une seule de ces quatre sociétés primordiales, nous aurons peut-être mis le doigt sur la vraie plaie sociale qu'il faut de toute nécessité guérir.

Voyons donc de quelle stabilité jouissent, dans notre pays, l'Église, la famille, la société civile, la société politique.

INSTABILITÉ DE LA SOCIÉTÉ RELIGIEUSE. — REMÈDES POSSIBLES.

Je cherche en vain la stabilité dont jouit la société religieuse.

Depuis qu'on l'a dépouillée de ses prérogatives et de ses biens, on n'a rien fait pour lui assurer la stabilité dont elle a besoin.

Elle est toujours à la merci de l'interprétation plus ou moins haineuse des clauses du Concordat.

Il serait cependant bien facile d'assurer à l'Église de France une grande stabilité et une pleine indépendance en lui payant, d'abord, la dette concordataire reconnue par l'État. — Ce payement pourrait se faire sous la forme d'inscriptions au grand livre de la Dette publique, proportionnellement aux droits de chaque diocèse.

Les finances de l'État n'en seraient pas pour cela grevées. — Les frais du culte seraient les mêmes qu'aujourd'hui.

Ils seraient seulement payés différemment. — L'État agirait comme un particulier qui, au lieu de payer chaque année les intérêts d'un billet chirographaire, consent à son créancier une hypothèque régulière sur ses biens, au même taux d'intérêt.

Chaque diocèse aurait ainsi son budget des cultes particulier, administré par l'évêque, assisté de douze administrateurs choisis parmi les notables, et responsables, sur leurs propres biens, des actes de leur administration, ainsi que cela a lieu dans plusieurs villes des États-Unis et en Angleterre, pour l'administration des caisses d'épargne.

Pour assurer l'inamovibilité des recteurs ou pasteurs des âmes, il serait peut-être sage de revenir aux prescriptions du concile de Trente, qui ordonne, pour procurer plus sûrement le salut des âmes, de diviser les populations en paroisses bien délimitées, bien déterminées, et de mettre à la tête de chacune d'elles un pasteur particulier et PERPÉTUEL [1]...

____

[1] *Mandat S. Synodus (Trid.) Episcopis pro tutiori animarum salute, ut,*

Puis, comme corollaire, on rendrait à l'Église de France le droit de présentation de ses candidats à l'épiscopat.

Et là encore, comme aux États-Unis, cette présentation serait faite au Pape par le corps des évêques de France sur une liste de trois noms.

L'Église n'aurait pas alors à souffrir de ces vacances de sièges si préjudiciables aux intérêts des catholiques. En un mot, il faudrait accorder au clergé une complète liberté d'action et la faculté de se gouverner, de se juger lui-même suivant les sages règlements du droit canonique.

Les officiers et les soldats de l'armée ne sont-ils pas jugés par des tribunaux militaires?

Pourquoi les membres du clergé, pour ce qui est de leurs devoirs professionnels, ne seraient-ils pas jugés par des tribunaux ecclésiastiques?

Qu'on en revienne donc, une fois pour toutes, au jugement par ses pairs.

C'est le plus sévère, mais aussi le plus éclairé, le plus juste et le plus en rapport avec la nature des choses.

Nos ancêtres, qui nous valaient bien, l'avaient compris ainsi, et le spectacle vraiment affligeant que la France donne au monde depuis un siècle prouve qu'ils n'avaient pas tort.

M. G. de Pascal, dans sa brochure *Révolution et Évolution,* dit avec raison :

« Les pairs de chacun sont ses égaux.

« Dans la vieille société hiérarchiquement constituée, le

---

distincto populo in certas propriasque parochias, unicuique suum (perpe-tuum) peculiaremque parochum assignent. (Session 24.)

Inamovibilité des recteurs ou pasteurs des âmes. — Le concile de Trente ordonne aux évêques, pour procurer plus sûrement le salut des âmes, de diviser les populations en paroisses bien délimitées, bien déterminées, et de mettre à la tête de chacune d'elles un pasteur particulier et perpétuel. (Session 24, ch. XIII, p. 15.)

Mais, avant l'érection d'une paroisse, l'Église exige que la subsistance du prêtre chargé de la gouverner soit assurée. De là l'origine des bénéfices inaliénables annexés aux cures, mais dont il ne reste plus trace en France.

Dans la session 24, ch. XVIII, p. 21, le concile de Trente indique les formalités à remplir lorsqu'il s'agit de pourvoir une cure. — Il recommande, en première ligne, le concours, puis l'élection du candidat le plus digne, le plus distingué par la science et la vertu.

Quand le pasteur a notoirement démérité et manqué gravement à son devoir, l'évêque peut le priver de son bénéfice curial, après l'avoir cité devant les tribunaux ecclésiastiques et démontré sa culpabilité.

L'administration actuelle de l'Église de France contrarie-t-elle les décrets du concile de Trente? Oui, quant à la lettre; mais quant à l'esprit, on ne saurait le dire!...

En Espagne, tout se passe comme le demande le concile de Trente. Cures, canonicats sont mis au concours; tout prêtre non réputé indigne, fût-il d'un diocèse étranger, peut se présenter comme candidat. Rien n'est plus capable de stimuler l'émulation et l'ardeur pour le travail; la science ecclésiastique ne fait qu'y gagner, comme le prouve la distinction du haut clergé espagnol.

« principe au nom duquel la justice se rendait était le même
« pour tous, mais les tribunaux différaient par leur composi-
« tion...

« Les bourgeois d'une même communauté se considéraient
« comme pairs ; pairs aussi les paysans qui exploitaient le
« même domaine. — Dans les cours bourgeoises, le président
« est le maire élu, les jurés sont les bourgeois. Les tribunaux
« de vilains sont garnis de paysans. »

« Ce n'est pas, dit très bien M. Coquille, l'homme de la loi
« qui prononce au nom de la science, c'est l'homme de bonne
« foi qui prononce au nom de la conscience. »

C'est le jugement par jury en matière civile vainement et
toujours attendu.

« La coutume, continue M. de Pascal, née à la longue du
« concours de tous, fruit de l'expérience commune, est, à coup
« sûr, la législation la plus libre, la plus humaine, la plus morale.

« Toutes les classes de la société, même les plus infimes,
« jouissent de leur autonomie, et le jugement par les pairs est
« un des signes les plus expressifs de cette autonomie. Égalité
« de tous les hommes dans la hiérarchie, par la jouissance du
« même droit ; voilà l'idéal de la société chrétienne. »

Songe-t-on assez à ces réformes, les seules, cependant, capables d'asseoir en France la société religieuse sur des bases de
stabilité réelle et d'absolue indépendance ?

On s'étonnera peut-être de l'étendue des libertés demandées
par nous pour l'Église catholique.

Qu'on le remarque. Nos revendications ne sont que celles des
Conciles. Nos projets de réforme sont simplement justes et favo-
rables à la stabilité de tous les gouvernements ainsi qu'à la prospérité de tous les États.

Plus les sentiments religieux sont vivaces dans un pays, plus
ses citoyens sont, pour le pouvoir, un appui sur lequel il peut
s'établir sans crainte.

Rendez à Dieu ce qui appartient à Dieu, et il sera rendu à
César ce qui appartient à César.

Refusez, au contraire, de rendre à Dieu ce qui lui appartient,
votre pouvoir en recevra une mortelle atteinte.

L'histoire en témoigne : Le jour même de sa rupture avec
Rome, Napoléon Ier voit pâlir sa merveilleuse étoile.

Le gouvernement de la Restauration ferme les maisons des
Jésuites, en 1828, sous le ministère Martignac : il tombe deux
ans après.

Le gouvernement de la monarchie de Juillet a la malheureuse
idée de combattre la liberté de l'enseignement, réclamée par
les catholiques : il s'écroule à son tour.

La guerre d'Italie, de 1859, a pour première conséquence le
rapt des États du Pape et pour seconde l'unité de l'Italie.

Les désastres de 1870 amènent l'unité de l'Allemagne et la chute de Napoléon III.

De tels enseignements ne doivent pas être perdus. Ils imposent à tout gouvernement, soucieux de sa conservation, l'obligation d'en tirer profit.

Qui touche aux libertés de l'Église est perdu. C'est fatal. Nul ne doit l'oublier.

Le gouvernement de la République, dans ces derniers temps, ne s'en est pas souvenu. Il a tenu absolument à sortir de son rôle de simple protecteur de tous les intérêts. Il est venu donner tête baissée sur ce dangereux écueil de la question religieuse.

De ce jour, et de ce jour seulement, qu'on le remarque, l'opposition contre lui a grandi. Silencieuse au début, elle menace de devenir formidable et de se manifester avec éclat.

Ne dit-on pas que les catholiques, lassés d'être, depuis un siècle, le jouet de tous les partis qui, après les avoir d'abord flattés, pour obtenir leur appui, finissent toujours par oublier les justes revendications de leurs alliés de la veille, sont aujourd'hui résolus à faire connaître à quel prix ils prêteront leur concours à ceux qui viendront le solliciter ?

Qui a provoqué cette opposition redoutable ?

N'est-ce pas le vote de ce malencontreux article 7 ? N'est-ce pas cette politique aveugle de sectaires hypnotisés qui s'en est suivie ?

Ceux qui aiment à être toujours les premiers à saluer le soleil levant se rendent bien compte de cette situation. Ils voient que le navire fait eau de toutes parts. Dès lors, oubliant qu'ils sont partisans, soit en droit, soit en fait, de cette loi antichrétienne du divorce qui sape les bases mêmes de la famille, qu'ils ont voté les lois astreignant les membres du clergé au service militaire, ils viennent faire aux catholiques les plus pompeuses promesses. Aujourd'hui, ils sont devenus partisans de la liberté religieuse ; demain, ils seront les soutiens zélés de l'autel.

Ajoutera-t-on foi à leurs déclarations évidemment intéressées ? Nous nous refusons à le croire, et nous sommes convaincus que si jamais les catholiques veulent se compter et formuler leurs légitimes revendications, leur programme sera rédigé sous une forme telle, que nul parti politique n'aura le droit de s'en constituer seul le défenseur.

La religion catholique symbolise une idée trop haute, trop au-dessus de nos mesquines querelles d'un jour, pour que ses fils consentent jamais à unir leurs couleurs à celles d'un parti assez osé pour s'approprier la cocarde nationale, patrimoine de tous, quand celle qu'il devrait arborer est la cocarde noire des démolisseurs de tous les régimes, ces réformateurs impuissants, dangereux empiriques qui tuent au lieu de guérir.

INSTABILITÉ DE LA SOCIÉTÉ DOMESTIQUE. — CONSÉQUENCES DIVERSES
DE CETTE INSTABILITÉ. — DIMINUTION DANS LES NAISSANCES.
— DANGER NATIONAL. — REMÈDES POSSIBLES.

La société domestique jouit-elle de plus de stabilité et d'indépendance que la société religieuse ?

Pas davantage.

En continuant à placer en regard des actes des auteurs de la révolution d'Angleterre ceux des révolutionnaires français, le fait nous sera clairement démontré.

L'Angleterre a chassé des vieux manoirs les anciennes races, mais elle n'a pas brisé son antique législation conservatrice de la famille et de la propriété territoriale. Par la liberté testamentaire, la chaumière du pauvre et la ferme du petit paysan propriétaire sont protégées au même titre que le château du grand seigneur. A la base de la société, on a maintenu ainsi la famille conservée dans son unité et sa stabilité par un régime de propriété qui fait du sol auquel se mêlent les cendres et les souvenirs des aïeux quelque chose de sacré. La maison de famille continue à perpétuer le souvenir des pères, elle reste, pendant des siècles, le glorieux patrimoine de la société domestique.

Les vieilles demeures ont changé de maîtres, mais elles sont restées debout. — Elles continuent à abriter une race d'hommes dépositaires de ces saines traditions de gouvernement qui ont assis sur des bases si solides le gouvernement anglais.

Sans doute, cette richesse dont le nouveau titre est la spoliation est une tache à la morale publique ; toutefois l'institution est sauvegardée.

Elle est, comme par le passé, la gardienne des libertés publiques.

Tant que ces lois fondamentales subsisteront, la nation ne connaîtra pas cette invariable alternance de despotisme et d'anarchie des sociétés démocratiques, dont la législation est césarienne. L'homme sera compté pour quelque chose dans l'État. — Il y a dans ce pays des hommes assez fiers et assez puissants pour pouvoir, légalement, dire à l'autorité gouvernementale : « Tu n'iras pas plus loin. »

En France, on a chassé, dépouillé, tué les hommes coupables d'être issus de races qui, de génération en génération, avaient donné leur sang pour la patrie. Puis, non encore satisfaits et en vue d'empêcher le temps, dans son cours réparateur, de relever ce que l'orage a abattu, les révolutionnaires français ont ruiné, par leurs lois, les intérêts sacrés de la famille et de la propriété territoriale.

Dans la société, ils n'ont vu qu'un *intérêt*, celui de l'individu aujourd'hui vivant, demain disparu.

Les antiques demeures sont abandonnées ou se transforment en bâtiments de ferme. — Les anciennes maisons de petits propriétaires cultivateurs sont vendues à quelque opulent capitaliste de la ville voisine, lequel, au point de vue social, ne saurait remplir un rôle aussi utile.

Leurs possesseurs quittent la province ou émigrent à l'étranger; les uns comme les autres errent à travers le monde, cherchant à retrouver leur foyer éteint...

Mais les propriétaires nouveaux ne peuvent eux-mêmes vieillir. — Le temps, loin de fonder leur possession, la détruit. — La terre se morcelle à l'infini dans des conditions telles parfois, que toute culture rémunératrice est rendue impossible. — Les châteaux deviennent des ruines; les bois, des landes incultes; les vastes plaines labourables, des arpents détachés. Pourquoi planter des terres qu'on sait devoir être vendues?

Pourquoi entretenir des châteaux qui ne sont plus que des charges? — Pourquoi rêver une culture rémunératrice de la terre dans des plaines devenues, pour ainsi dire, des cartes d'échantillons[1]?

Ici, l'économie agricole est atteinte, mais il y a réaction. — La famille, n'étant plus protégée par la loi, se protège elle-même, en réglant le chiffre de ses membres d'après sa fortune.

Le nombre des mariages augmente, et celui des enfants par mariages diminue!

La population française, qui comptait vingt-six millions en 1789, n'a augmenté que d'un tiers.

Dans une remarquable brochure intitulée : *De la dépopulation de la France*, l'éminent docteur Rochard a traité cette si importante question de main de maître.

« Pour qu'une nation soit forte et libre, dit-il, il faut que sa
« population soit bien portante, instruite, laborieuse et honnête.
« Il faut, de plus, qu'elle s'accroisse dans une mesure propor-
« tionnelle au développement de ses voisins. » « La grandeur
« des rois, disait Vauban, se mesure au nombre de leurs
« sujets. » Il en est de même des républiques. De nos jours, la force ne va pas sans le nombre. Un accroissement normal et régulier est la loi des nations civilisées et le signe infaillible de leur prospérité. Or, tandis que tous les peuples qui nous entourent obéissent à cette loi, la France seule tend à s'y soustraire, et c'est là que gît pour elle le véritable péril.

Notre pays ne se dépeuple pas encore; mais son mouvement d'accroissement se ralentit de plus en plus. Au com-

---

[1] En France, le capital agricole est de 123 fr. par hectare. En Angleterre, il est de 400. Dans les cultures perfectionnées, il s'élève jusqu'à 1,000 fr.

mencement de ce siècle, la population augmentait en moyenne de 6,02 habitants sur 1,000 par an.

En 1879, l'accroissement n'était plus que de 3,34, et la moyenne des cinq années qui viennent de s'écouler ne donne plus que 2,86. Si cela continue, l'arrêt complet ne tardera pas à se produire.

« S'il en était ainsi dans le monde entier, nous pourrions en « prendre notre parti ; mais nous constituons sous ce rapport une « déplorable exception. L'Angleterre voit chaque année sa popu- « lation s'augmenter de 13 pour 1,000 ; l'Allemagne de 10 pour « 1,000 ; l'Italie et la Belgique, qui présentent, après nous, le

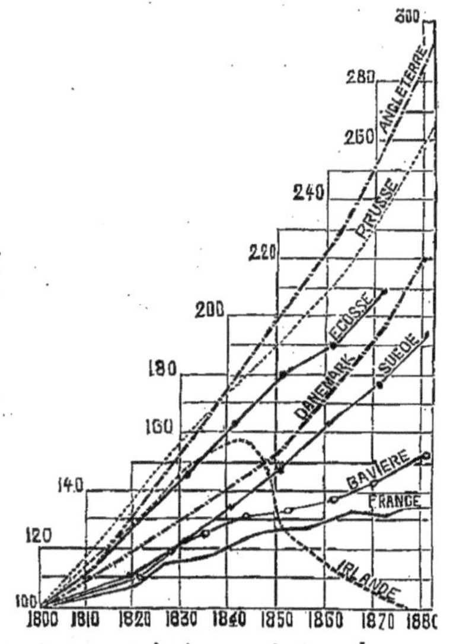

Fig. 1. — Accroissement de la population chez quelques peuples, de 1800 à 1882.

« chiffre le plus faible, ont encore chaque année 7 habitants pour « 1,000 de plus que l'année précédente. Je ne parle pas de l'Amé- « rique, dont la population a décuplé depuis le commencement du « siècle. Il résulte de cette disproportion que la France, qui occu- « pait le second rang, est tombée au quatrième. Elle ne représente « plus que le dixième de la population de l'Europe, tandis qu'il y « a deux siècles, elle en constituait plus du tiers. Dans cinquante « ans, si cela continue, nous n'en formerons plus que le quin- « zième, et nous serons tombés au septième rang, parmi les « petits États avec lesquels on ne compte plus.

« Les chiffres, quelque expressifs qu'ils soient, ont l'inconvé- « nient de ne pas frapper les regards, et, pour rendre ces faits « plus saisissants, M. Cheysson, le savant président de la So- « ciété de statistique de Paris, les a représentés à l'aide de dia- « grammes que je vais faire passer successivement sous vos yeux.

« Le premier figure l'ascension progressive de la population

« des principaux peuples de l'Europe (fig. 1). L'Angleterre,
« vous le voyez, en occupe le sommet avec ses 13 pour 1,000
« d'accroissement annuel ; la Prusse vient ensuite ; la France
« occupe l'avant-dernier degré de l'échelle ; elle n'a au-dessous
« d'elle que l'Irlande, qui, après avoir suivi jusqu'en 1840 le
« mouvement ascensionnel de l'Angleterre, marche aujourd'hui
« rapidement vers la dépopulation.

« Le second rend plus saisissant encore l'amoindrissement
« progressif de notre pays (fig. 2).

« Il représente, par l'agrandissement de ses cercles horizon-
« talement disposés, l'accroissement de la population des prin-
« cipales nations du monde, et, par la dimension respective des

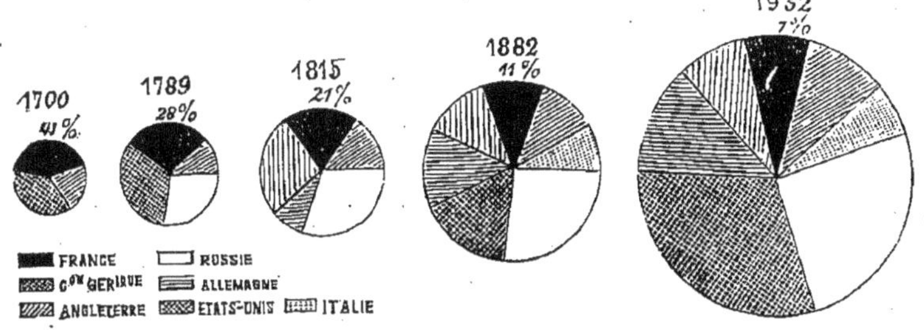

Fig. 2. — Population proportionnelle dans les grandes puissances.

« secteurs, la part de plus en plus faible qui revient à la France
« dans cette augmentation.

« Le plus petit des cercles, celui de gauche, figure l'Europe à
« la fin du dix-septième siècle, à l'apogée de la puissance de
« Louis XIV.

« L'empire de Charles-Quint est démembré, l'Espagne effa-
« cée ; il n'y a plus, en Europe, que trois grandes puissances :
« la France, l'Angleterre et l'empire d'Allemagne. La France,
« avec ses dix-neuf millions d'habitants, figure pour près des
« deux cinquièmes, pour 38 pour 100, dans la somme de la
« population de ces trois grands États.

« Le second cercle nous reporte à 1789. La France s'est
« annexé l'Alsace et la Lorraine avec leur population qui s'é-
« levait alors à 1,500,000 habitants environ ; mais la Russie en
« a vingt-cinq millions, et s'est élevée au rang des grandes puis-
« sances. Elles sont au nombre de quatre, et la France ne
« figure plus dans le total que pour 27 pour 100.

« Avec le troisième cercle, nous sommes en 1815 ; l'Empire
« français s'est écroulé ; la Prusse a pris place dans le concert
« européen, elle a porté à cinq le chiffre des grands États, et la
« part de la France se trouve réduite à 20 pour 100.

« En 1882 (quatrième cercle), une nouvelle puissance a
« surgi depuis cinq ans : c'est l'Italie. Un grand peuple, né de

« l'autre côté de l'Atlantique à la fin du siècle dernier, a vu
« dans celui-ci sa population s'accroître dans des proportions
« inconnues aux vieilles nations, et, par son prodigieux déve-
« loppement industriel et agricole, grâce à la rapidité des com-
« munications, il est venu prendre sa place dans la politique
« européenne et surtout dans les problèmes économiques qui
« s'agitent sur l'ancien continent.

« En jetant dans la balance ses cinquante millions d'ha-
« bitants, il a relégué la France au quatrième rang avec ses
« trente-sept millions, et nous ne représentons plus que 11 pour
« 100 de la population totale des grands États réunis.

« Enfin, le cinquième cercle, le plus affligeant de tous, nous
« montre ce que sera la population des grands peuples de la
« terre dans un demi-siècle. Si les choses continuent à marcher
« du même pas et si la carte de l'Europe ne subit pas de nouveaux
« remaniements, si la France ne change pas son allure, elle ne
« figurera plus que pour 7 pour 100 dans le total général, et
« encore, en n'ayant égard ni à la Chine, ni aux colonies an-
« glaises, ni à la Russie d'Asie, avec lesquelles il faudra bien
« compter quelque jour.

« Cette série de cercles, dans lesquels on voit le secteur qui
« simule la France se rétrécir de plus en plus, est d'un aspect
« navrant. »

M. Cheysson fait remarquer, avec raison, le contraste que
présente la stérilité actuelle de la Normandie avec la magnifique expansion de ses rejetons au Canada, cette vieille terre
autrefois française, et encore régie par un régime de succession
qui respecte la liberté testamentaire du père de famille. « Ils
« étaient 60,000 en 1763, dit-il, lorsque Louis XV céda aux
« Anglais ces quelques arpents de neige; ils sont 1,500,000
« aujourd'hui, sans compter les 500,000 qui ont passé le Saint-
« Laurent pour s'établir aux États-Unis.

« Ces deux millions de Français ont conservé notre langue,
« nos mœurs et nos lois; ils sont animés du plus ardent patrio-
« tisme et gardent à la mère patrie ce culte qu'on ne com-
« prend bien que lorsqu'on l'a quittée; car il faut avoir vécu
« longtemps à l'étranger pour savoir combien on aime son
« pays.

« S'il ne s'agissait que de grandeur et de prépondérance,
« nous pourrions prendre notre parti de cet amoindrissement.
« La France pourrait, sans déchoir, se reposer à l'ombre de
« son passé et jouir en paix des biens dont la nature l'a com-
« blée, mais un pareil repos est incompatible avec la faiblesse
« et l'amoindrissement du pays. Ce n'est pas au moment où
« toute l'Europe est en armes, où elle maintient sous ses dra-
« peaux près de trois millions de soldats, et dépense, chaque
« année, plus de trois milliards pour ce formidable arme-

« ment[1] ; ce n'est pas à l'heure où le vieux monde rebrousse
« chemin avec tant d'ardeur vers les époques de barbarie,
« qu'une nation comme la nôtre peut se livrer désarmée aux
« convoitises de ses voisins.

« Si nous ne voulons pas disparaître au milieu des collisions
« qui se préparent, et que le moindre incident peut faire naître,
« il faut que nous soyons prêts, à l'heure du péril, à jeter un
« million d'hommes à la frontière, et pour cela, il ne faut pas
« laisser se tarir le sang français[2]. »

Le fait n'est donc que trop certain, il naît plus de deux Allemands pour un Français !

En 1886, le nombre des enfants inscrits à l'état civil était de 900,000 en France ; il faut doubler le chiffre en Allemagne en calculant sur un nombre égal d'habitants. Dans dix-huit ans, le nombre des conscrits y sera deux fois plus fort que chez nous.

La France se meurt donc bien sur pied comme un arbre dont la sève se dessèche.

De telles constatations serrent le cœur.

Les perfectionnements apportés dans nos armements, tout grands qu'ils sont, nous permettront-ils d'arrêter les flots de cette marée montante d'hommes qui, du côté de l'Est, menace de nous submerger ?

Non, il ne faut plus se bercer d'illusions.

Les perfectionnements apportés dans nos armements pourront retarder l'heure où nous serons engloutis.

Mais tant que nous ne comprendrons pas que le mal est exclusivement dans l'oubli des vrais principes sociaux, en dehors de l'application desquels nulle nation ne peut vivre, il n'y a rien à faire. Il n'y a qu'à se voiler le visage et à gémir sur le sort d'un peuple qui ne se meurt que parce qu'il ne veut pas ouvrir les yeux à la lumière, envisager froidement et avec énergie la nature de son mal, préférant écouter, sans cesse, les médecins qui n'ont d'autre conseil à lui donner que *de changer de lit*.

Les lois anglaises n'ont qu'un but :

Diminuer les impôts qui grèvent la terre et obliger l'argent produit par le sol à être dépensé sur le sol même.

L'Angleterre ne paye pas plus d'impôts aujourd'hui qu'il y a quarante-cinq ans.

Des lois très fortes obligent à la résidence sur leurs terres les familles riches et puissantes.

Des ordonnances sévères protègent ces mêmes familles contre

---

[1] L'effectif budgétaire des armées permanentes des différentes puissances de l'Europe s'élève à 2,841,600 soldats : la dépense calculée d'après les chiffres connus atteint 3,355,000,000 de francs.

[2] *La Dépopulation de la France,* par le docteur Jules ROCHARD, p. 7, 8, 9, 10, 11, 12, 13.

les dissipateurs si prompts à détruire l'ouvrage de plusieurs siècles.

L'État n'oublie pas que l'influence de la fortune et le patronage qu'elle exerce sont une force qu'il a tout intérêt à ménager.

Les lois civiles anglaises poussent l'esprit public dans un courant d'idées de la plus haute moralité sociale. Elles ne voient dans la nation qu'une réunion de familles, et dans l'État, que le représentant de la nation. Le devoir de l'État est, dès lors, de protéger la famille et de la maintenir en appuyant toujours l'autorité du père qui en est le chef naturel.

Par le respect de la liberté paternelle, la famille reste forte, à la faveur d'une législation conservatrice.

L'État lui-même trouve sa puissance, non dans la faiblesse de la famille ni dans celle de l'individu, mais dans la prospérité de l'une et de l'autre. Et ainsi se trouve sauvegardé l'intérêt général de la communauté sociale.

En France, au contraire, des taxes énormes grèvent la terre ; un service militaire obligatoire prive l'agriculture de travailleurs ; une multitude d'impôts variés et savamment étudiés ruinent les contribuables qui semblent tous créés et mis au monde uniquement dans le but de remplir les caisses du trésor public, de payer les armées et des légions de fonctionnaires qu'on semble avoir multipliés à plaisir, comme si le pays qui travaille et produit était fait pour leur assurer des moyens d'existence qu'ils seraient incapables de se procurer eux-mêmes en travaillant aussi et en produisant ! Aucune nation dans le monde entier ne paye moitié autant d'impôts que la France !

Est-ce tout ? En France, les fonds publics sont gaspillés dans des entreprises le plus souvent improductives. En quelques années, l'État dévore le capital territorial de la France sous forme de droits de mutation et de vente.

Enfin, pour que le fisc produise de plus en plus, les lois civiles françaises visent au morcellement indéfini du sol. On annihile ainsi la famille ; et le gouvernement, une fois riche de ses dépouilles, est *seul puissant* au milieu de citoyens pauvres, sans autre garantie contre la tyrannie que les défenses si précaires apportées par des révolutions impuissantes à donner les remèdes nécessaires.

C'est la mise en pratique de la maxime de Rousseau :

« L'intérêt personnel des princes est que le peuple soit faible, « misérable, et qu'il ne puisse jamais leur résister. » (*Contrat social*, liv. III, ch. VI.)

L'Angleterre applique, dans ce qu'ils ont de vrais et de justes, les principes féodaux les plus forts de l'économie politique :

Le riche doit secours au pauvre.

Le fort doit aide et protection au faible.

La richesse privée, produit de la terre, doit retourner à la terre pour la fertiliser, augmenter sa production et fortifier ainsi la famille agricole, base fondamentale de l'État.

La France, au contraire, applique un principe absolument différent. La richesse privée, produit de la terre, n'aura pas pour objet de la féconder. Elle convergera dans les grands centres de population. La résistance de la terre, dans son opposition, a un caractère calme, raisonnable et moral qui nuit à la toute-puissance du pouvoir et l'oblige à compter avec elle. Au contraire, l'agglomération, dans les villes, de nombreuses populations ouvrières plaît au pouvoir en ce qu'elle lui impose la nécessité d'avoir sans cesse sous les armes une force militaire considérable destinée à comprimer tous les mouvements séditieux dont le caractère révolutionnaire inspire l'effroi.

Il semblerait que, au dix-neuvième siècle, dans un vieux pays comme la France, la population dût être tellement dense que la terre manquât à l'homme.

C'est, au contraire, l'homme qui manque à la terre.

On ne veut plus vivre que dans les villes [1].

Les riches, parce qu'ils y trouvent à tromper le vide de leur existence auquel l'État les a condamnés, en les proscrivant de toutes ces magistratures locales dont l'emploi leur aurait fait supporter ce qu'a de sévère la vie rurale.

Les hommes de fortune moyenne, parce que le séjour de la ville leur permet de réaliser l'économie de l'éducation par l'externat pour leurs enfants, et que cet externat n'est possible qu'à la ville, les collèges situés à la campagne étant très rares en France.

Les ouvriers, parce les travaux importants se font à la ville depuis que les personnes de situation aisée y affluent, et aussi parce que toutes les institutions de secours pour la maladie ou la vieillesse sont également fondées dans les villes.

Les pauvres, parce que ceux qui ont besoin de secours se rapprochent, naturellement, de ceux qui, seuls, peuvent les donner.

Il serait cependant bien facile de donner à la famille une certaine stabilité !

Sans aller jusqu'au rétablissement du droit d'aînesse, quel inconvénient y aurait-il à donner, comme aux États-Unis, la liberté testamentaire au père de famille, le droit de substituer à deux degrés, encore comme en Amérique ? à déclarer inaliénables, par acte testamentaire fait au profit d'étrangers, les biens

---

[1] Il ressort d'une statistique officielle qu'en vingt-cinq ans la population des villes au-dessus de 10,000 âmes s'est accrue de 39 pour 100, et qu'elle a absorbé un vingtième de la population totale du pays au détriment des petites communes. (*Figaro* du 20 mars 1889.)

patrimoniaux, comme en Russie et dans les États pontificaux avant leur spoliation? à étendre à toute la France l'usage du régime dotal? à déclarer impartageables les petites tenures au-dessous de cinq hectares, et inaliénables les petits foyers protégés, en Amérique, par l'*homestead' law* (la loi du foyer)?

En agissant ainsi, on ne ferait que réaliser un des vœux contenus dans les cahiers des États généraux de 1789.

Dès le 28 décembre 1793, Cambacérès signalait à la tribune de la Convention les déplorables résultats du partage égal des héritages.

« La loi sur l'égalité des partages, disait-il, a déjà occasionné « beaucoup de désordres dans bien des familles.

« Vous avez voulu frapper les grandes fortunes ; mais la loi « étant générale, *les petits propriétaires ont été atteints.* »

Sous le Consulat, Bonaparte prit lui-même la parole dans le conseil contre les adversaires de l'autorité paternelle.

« Le législateur, dit-il, doit avoir essentiellement en vue les « fortunes modiques : la trop grande subdivision de celles-ci « met nécessairement un terme à leur existence, surtout quand « elle entraîne l'aliénation de la maison paternelle, qui en est, « pour ainsi dire, *le point central.* »

Si l'on tient à reconstituer le domaine de la famille et à mettre les classes riches, ou simplement aisées, à même de remplir leurs devoirs sociaux, il faudrait que la loi, dans toute succession grande ou petite, attribuât à l'être collectif qu'on appelle « la famille », représentée par l'héritier désigné par le père dans son testament, la part d'enfant dont la législation actuelle permet de disposer ; que cette part d'héritage dévolue à la famille fût impartageable par les héritiers de celui qui n'en jouirait qu'à titre de simple usufruitier.

Bref, l'expérience aujourd'hui étant complètement faite, il faudrait reprendre à nouveau le projet de loi si malheureusement repoussé par les membres de la droite en 1826, et tout faire pour qu'il réunisse une majorité dans le Parlement.

La stabilité de la famille, base de l'État, en dépend.

Et comme chacun serait libre de rétablir le partage égal par disposition testamentaire, la loi nouvelle ne serait pour personne une contrainte, si ce n'est toutefois dans les cas de substitutions ordonnées par la volonté des ancêtres ou si la loi de l'*homestead' law* était applicable.

De ces réformes, il n'est pas question, du moins dans nos Chambres ; de même qu'on ne cherche pas à donner de la stabilité à la société religieuse, on ne cherche pas davantage à en donner à la société domestique en assurant la propriété du foyer de la famille, cette petite patrie qui fait la force et la grandeur de la grande en même temps qu'elle la fait aimer.

Cependant, tant que cette stabilité de la société domestique ne sera pas obtenue, nul avenir n'est garanti, ni à l'atelier agricole, ni à l'atelier industriel, ni au comptoir du commerçant, parce que, dans la société, tout se lie d'une façon étroite.

INSTABILITÉ DE LA SOCIÉTÉ CIVILE. — REMÈDES POSSIBLES.

Arrivons à la société civile :

Lui a-t-on au moins donné ce qu'on a refusé à la société religieuse et à la société domestique?

La société civile comprend :

Les magistratures locales et provinciales, les administrations publiques.

Sur quelles bases sont-elles établies?

Les magistratures locales, telles que les conseils municipaux, les conseils d'arrondissement, les conseils généraux, n'ont d'autre base que la volonté mobile des électeurs.

Nul droit spécial à leur composition n'est réservé à l'élément stable du pays, représenté par les membres du clergé, les propriétaires fonciers et les industriels, etc.

Ces personnes sont cependant les représentants naturels des intérêts permanents de la religion, de la propriété et de l'industrie. — Qu'importe, puisque tout dans la société doit être fondé sur le caprice de ceux qui, le plus souvent, n'y représentent absolument aucun intérêt?

Il en est de même des conseils d'arrondissement et des conseils généraux. — L'électorat par le suffrage universel, exercé à l'état de confusion des intérêts sociaux, est encore leur unique fondement.

Les justices de paix, les tribunaux civils, les administrations publiques ont la même instabilité. Ainsi, de ces magistratures, les unes n'émanent que du suffrage populaire, les autres tiennent uniquement leurs pouvoirs de la volonté du chef de l'État qui seul, d'après la loi, non seulement nomme, mais présente à tous les emplois, de même qu'il révoque les titulaires, en bloc ou en détail, selon son bon plaisir.

Les administrations publiques seraient-elles donc moins bien régies, si leurs membres étaient assurés de ne perdre leur situation que pour malversations ou manquements graves à leurs devoirs clairement établis ?

Quoi ! un homme a dépensé vingt-cinq ou trente mille francs de sa fortune et douze ou quinze ans de sa vie pour acquérir les connaissances qui lui permettent de remplir telle ou telle fonction, et la propriété de cette fonction ne lui est pas garantie ? Le gouvernement peut la lui enlever, quoique cette place qu'on lui retire soit son gagne-pain et celui de sa famille, gagne-pain souvent péniblement acquis ; et cela, pourquoi ? Parce que son titulaire, en homme libre qu'il se croyait être, pensait avoir le droit d'avoir une opinion personnelle comme tous ses concitoyens, et ne point être moralement un esclave !

Pourquoi ne pas lui garantir la propriété absolue de sa situation en assimilant cette situation aux grades de l'armée de terre et de mer ?

« Il faut, quand on gouverne, vouloir la perfection dans les « choses et souffrir l'imperfection dans les hommes, car les « bonnes institutions rendent les hommes meilleurs[1]. »

Ce mode d'épuration des administrations serait très certainement préférable et supérieur à tout autre, y compris l'odieux système de la politique du « coup de balai[2] ».

« Vouloir, au contraire, dit encore M. de Bonald, la perfec- « tion dans les hommes et souffrir l'imperfection dans les cho- « ses, est irrationnel. »

Serait-il donc si difficile et si préjudiciable aux intérêts généraux du pays de placer dans les communes, à côté du conseil municipal, représentant l'élément populaire, un conseil des plus fort imposés et des notables, dans lequel siégeraient les membres du clergé, à titre de représentants des intérêts religieux de la commune ?

Des conseils semblables, constitués sur les mêmes bases, ne pourraient-ils pas siéger à côté et des conseils d'arrondissement et des conseils généraux pour représenter les intérêts permanents du canton ou de l'arrondissement ?

Les fonctions de juges de paix ne seraient-elles pas aussi bien remplies par des personnes indépendantes et riches, résidant à la campagne et nommées à vie par le gouvernement, comme cela a lieu en Angleterre, que par les magistrats souvent très secondaires qui sont bombardés à ces postes, parfois sans autre titre que d'offrir toutes les garanties d'un bon agent électoral du pouvoir central ?

Et les magistrats des tribunaux civils à tous les degrés seraient-ils inférieurs en science juridique et en indépendance, s'ils étaient nommés à leurs fonctions par le gouvernement sur la présentation de leurs pairs toujours intéressés, pour l'honneur des corps dont ils font partie, à ce que de bons choix soient faits ? ou s'ils étaient recrutés, ainsi qu'en Angleterre, parmi les sommités du barreau ?

Ces réformes seraient d'une application bien simple; elles donneraient satisfaction aux intérêts généraux et particuliers de la nation.

---

[1] Vicomte DE BONALD, *Pensées diverses.*

[2] Une telle politique d'injuste violence a l'immense inconvénient d'en provoquer une semblable de la part des adversaires, lorsque la roue de la fortune les ramène au pouvoir. Et l'on a dit d'elle, avec raison, qu'elle avait institué, dans nos administrations, la guerre civile. (*Note de l'auteur.*)

Malheureusement, les conservateurs n'y pensent pas plus que les républicains. Pendant qu'ils étaient au pouvoir, jamais une seule de ces réformes, si nécessaires cependant, n'a été, que nous sachions, présentée aux Chambres, et si quelques-unes l'ont été, pas une, à coup sûr, n'a été sérieusement appuyée.

On le voit : dans la société civile, l'instabilité est encore la règle.

INSTABILITÉ DE LA SOCIÉTÉ POLITIQUE. — REMÈDES POSSIBLES.

En est-il autrement dans la société politique?

Les préfets, représentants du pouvoir central, sont-ils choisis, comme les shérifs en Angleterre, parmi les notables de la région[1]?

La Chambre des députés est-elle élue par des collèges composés d'électeurs représentant les intérêts multiples et divers du pays?

La Chambre haute est-elle constituée de telle sorte qu'elle soit vraiment la vivante expression des grands intérêts permanents de la nation?

Nullement.

Les préfets sont choisis, le plus généralement, parmi des hommes inconnus dans la localité qu'ils sont destinés à administrer ; ils ne possèdent ni fortune ni relations sociales de nature à rehausser leurs fonctions ; ce sont de vrais commis à gages du pouvoir central, quel qu'il soit. Toujours prêts, selon les circonstances, à crier tour à tour soit : Vive la République! soit : Vive l'Empereur! soit : Vive le Roi! ils jouissent de si peu de considération, qu'ils sont parvenus à discréditer complètement la haute magistrature politique qu'ils occupent.

La Chambre des députés, élue par les suffrages achetés ou inconscients d'une populace confondue à dessein avec le vrai peuple, ne saurait posséder la science du gouvernement et encore moins celle du législateur. Elle ne sait ni ce qu'il faut vouloir ni vouloir ce qu'il faut.

Jouet de tous les caprices, elle est d'autant plus incapable de suivre une politique définie, que les ministres, pris dans son sein, sont, eux aussi, les jouets des partis qui se font une fête de les renverser selon leurs fantaisies, ce qui a eu déjà pour résultat de fausser tous les rouages du gouvernement parlementaire. Or, le gouvernement parlementaire, qui ne le sait? ne

---

[1] On s'étonnera peut-être de voir le préfet, administrateur de la société civile, classé dans la société politique. Nous avons dû lui conserver son caractère politique, et l'exclure d'une société qu'il n'administre que par suite de cette immixtion du pouvoir central dans le gouvernement local qu'aucun peuple vraiment libre ne tolère. (*Note de l'auteur.*)

peut fonctionner qu'avec un ministère homogène et, dans toutes les circonstances, solidaire des actes de la Chambre. En Angleterre, tout renversement d'un ministère n'a-t-il pas pour conséquence immédiate la dissolution de la Chambre des communes?

Aux États-Unis, les ministres choisis par le président parmi les membres de la majorité de la Chambre ne sont-ils pas nommés pour une durée égale à celle des pouvoirs présidentiels?

Et le Sénat est-il davantage le représentant des intérêts permanents du pays?

Son mode de recrutement, l'élection à deux degrés, lui donne-t-il plus le droit de prétendre qu'il a échappé à la loi générale d'instabilité qui frappe de stérilité les actes de tous les pouvoirs publics en France?

C'est exactement la même chose.

Aussi n'a-t-il que peu de prestige, et son autorité morale est bien faible, quand on la compare à celle des Chambres hautes étrangères formées d'éléments dont la force morale n'est pas puisée dans les suffrages populaires, *fussent-ils à deux degrés*.

Serait-il donc irrationnel de désirer que le Sénat, au lieu d'être recruté comme il l'est aujourd'hui, fût composé :

De tous les archevêques et cardinaux et délégués des corps savants et enseignants, pour représenter les intérêts religieux et moraux du pays; de tous les premiers présidents de chambre et présidents des cours souveraines, de tous les maréchaux, amiraux et généraux de corps d'armée, pour représenter les grands intérêts généraux de la magistrature et de l'armée; enfin des délégués de tous les plus fort imposés de France, propriétaires, agriculteurs, industriels et commerçants, pour représenter les intérêts divers et permanents de la propriété, de l'agriculture, du commerce et de l'industrie?.....

A ces réformes, ajoutons une bonne loi électorale qui, tout en respectant le principe de l'*universalité des suffrages*, donnerait satisfaction aux intérêts de tous et de chacun. C'est dire qu'elle ne serait pas *uniforme* dans son application, car ce qui rend le suffrage universel, tel qu'il est appliqué maintenant, une monstrueuse tyrannie, c'est que cette *uniformite* crée un monopole inique au profit des citoyens les plus nombreux et les moins qualifiés de toute la nation pour diriger les affaires publiques.

En Allemagne, on l'a compris. Le suffrage y est *universel* et non point *uniforme*.

Un tiers des députés de la Chambre est nommé par les électeurs qui payent le premier tiers des impôts directs.

Le second tiers, par ceux qui payent le deuxième tiers.

Le troisième tiers, par ceux qui payent le troisième tiers.

En France, au début du gouvernement de la Restauration, nous avons eu un système électoral qui n'aurait nécessité que certaines modifications pour donner pleine satisfaction aux intérêts de tous.

Aux censitaires à mille francs (*du grand collège*) n'aurait-il pas fallu joindre les évêques, curés, doyens, les officiers de la Légion d'honneur, les anciens officiers supérieurs de terre et de mer, les employés supérieurs d'administration, les magistrats, les membres des grands corps savants et toutes les personnes pourvues de degrés universitaires supérieurs, et leur confier le mandat de nommer le premier tiers des députés?...

Aux censitaires à trois cents francs (*du petit collège*) n'aurait-on pas dû joindre les autres membres du clergé, les chevaliers de la Légion d'honneur, les médaillés militaires, sauveteurs médaillés, les anciens officiers de terre et de mer ayant occupé une situation inférieure à celle de chef de bataillon, les employés inférieurs d'administration et toutes les personnes pourvues de grades universitaires secondaires, et les charger de nommer le deuxième tiers des députés?

Puis, à ces deux collèges, en joindre un troisième composé de tous les citoyens non compris dans les deux catégories précédentes?

Le troisième tiers des députés serait nommé par eux.

Et comme ce troisième tiers des députés aurait pour mission principale de représenter les intérêts du travail, les corps professionnels seraient tous organisés de telle façon que chacun d'eux possédât un nombre égal d'électeurs dans le collège chargé de choisir, pour la défense de leurs droits et de leurs intérêts respectifs, ce troisième tiers des députés.

La loi allemande serait ainsi améliorée, et, pour la première fois, nous imiterions nos voisins autrement qu'en nous étudiant à perfectionner seulement leurs engins de guerre.

Il n'y pas à en douter, l'introduction de telles réformes dans les lois et les règlements régissant les sociétés religieuse, domestique, civile et politique du pays donnerait à ces sociétés une base tellement fixe, que la stabilité du gouvernement, vainement cherchée depuis un siècle, en résulterait naturellement.

Les fondations étant bonnes, l'édifice politique serait aussi solide qu'il est maintenant chancelant.

La nation anglaise a toujours compris de la sorte la stabilité gouvernementale.

DIFFÉRENCE ENTRE LA MANIÈRE DONT LES FRANÇAIS ET LES ANGLAIS CONÇOIVENT LA MONARCHIE.

Les Anglais se font de la monarchie une idée très vraie, celle d'une voûte formée de pierres dont chacune d'elles a sa place déterminée, et est maintenue dans sa position par une clef destinée à jouer le rôle spécial de gardien de l'équilibre de l'édifice tout entier.

La nation française entend la monarchie d'une façon très différente : elle s'inquiète peu de l'existence de ces institutions jugées fondamentales par tous les peuples sages.

La monarchie n'a que faire de les fonder si elles n'existent pas, et de veiller à leur conservation si elles existent. La monarchie existe, pour nous autres Français, du jour où le pouvoir souverain a été remis au Roi ; nous n'avons plus à nous préoccuper de l'existence des institutions primordiales et de leur protection.

Le Roi est tout. Lui seul, il est la voûte tout entière. Il n'a donc ni Constitution à protéger, ni institutions civiles à défendre, puisqu'il peut, à son gré, tout fonder et tout laisser détruire.

C'est confondre l'idée césarienne avec le principe monarchique.

Cette fausse conception du rôle social dévolu au Roi a porté Louis XIV à détruire les franchises publiques pour concentrer en ses mains tous les pouvoirs ; a engagé son successeur à suivre la même politique et poussé Louis XVI, en 1789, lors du serment du Jeu de paume, à laisser violer ce qui restait de la constitution séculaire du royaume, pour céder la place à tous les empiriques de France désireux d'expérimenter, sur le corps de notre malheureux pays, leurs essais variés de constitutions et de gouvernements, tous également faibles et impuissants à réaliser le bien de la nation, du moment où ils contenaient en germes ces faux principes que J. J. Rousseau a si justement condamnés en disant :

« Quand le législateur, se trompant dans son objet, prend
« un principe différent de celui qui naît de la nature des
« choses, la société ne cesse d'être troublée, jusqu'à ce que
« l'invincible nature ait repris son empire [1]. »

Si le vrai rôle dévolu à la monarchie avait été en France mieux compris, le nombre des républicains y serait bien réduit. La chimère du gouvernement populaire n'y aurait pas fait plus de progrès qu'il n'en a fait en Angleterre. La fidélité au Roi, vivante personnification de la nation, y régnerait.

Les Anglais ne sont royalistes que parce qu'ils possèdent une législation protectrice de leurs droits qui n'entrave plus leur liberté ; ils savent que nulle part ils ne rencontreront la main indiscrète du pouvoir venant traverser tous les actes de leur vie intime ; maîtres chez eux, dans leur « home », comme ils disent, le Roi n'est, dans leur pays, que la sentinelle préposée à la garde de la Constitution, ainsi qu'à celle du royaume, et

---

[1] J. J. Rousseau, *Contrat social*.

non l'héritier des empereurs de Rome et de Byzance, toujours
préoccupés de centraliser entre leurs mains les forces vives de
la nation pour mieux opprimer les citoyens, sous le prétexte
mensonger de protéger leurs intérêts ; arrivés tous à la majorité
politique, ils se sentent de taille à faire seuls leurs affaires, et
ils ne croient pas qu'il soit nécessaire, tous les dix ou quinze
ans, d'en appeler à un *sauveur* qui, après avoir d'abord fait
patte douce et promis merveilles, finit invariablement par serrer
un peu plus fortement la vis du despotisme.

Ils ont présent à la mémoire, avec l'enseignement de l'histoire, celui si fin et si vrai donné par le fabuliste dans sa fable
la Lice et sa Compagne.

Ils savent que cette même législation qui les protège dans
leurs droits fait aussi loi pour le Roi et ses agents, tous tenus de
s'y soumettre du haut en bas de l'échelle gouvernementale.

Ils n'ignorent pas qu'on a depuis longtemps relégué dans le
magasin des vieilles ferrailles les fameux tribunaux administratifs avec leurs lois d'exception et tout cet arsenal d'armes for-
gées à l'usage des despotes de tous les âges et de tous les
régimes.

Depuis quelque temps, on commence à avoir conscience du
danger que cet état de choses fait courir à notre pays.

Récemment, un sénateur républicain ne prononçait-il pas
ces paroles qu'on ne saurait trop méditer :

« Depuis dix ans, le gouvernement parlementaire n'a jamais
« été sérieusement pratiqué ; il n'y a jamais eu de cabinet
« homogène et solidaire, ni une majorité prête à lutter sans
« défaillance et sans faiblesse. »

En tenant ce langage, M. Challemel-Lacour se rappelait
peut-être ces paroles non moins justes de Chateaubriand :

« Depuis 1789, la monarchie n'a jamais été rétablie en
« France ; nous avons eu une démocratie royale, rien de plus ! »

Le comte de Maistre n'écrivait-il pas, de son côté, après avoir
lu la Charte de 1814, ces mots prophétiques :

« Le Roi est renversé. »

M. de Bonald exprimait la même pensée, quand il s'écriait :

« Nous avons un roi, nous avons une Charte, mais nous
« n'avons plus de lois fondamentales. »

En effet, aucun État ne saurait se passer de lois fondamentales, car elles seules lui assurent de la fixité.

Et le régime parlementaire a autant besoin de trouver de la
fixité dans les diverses sociétés, dont il est dérivé, que la monarchie elle-même, et si ce régime parlementaire est celui d'une
république, il en a plus besoin encore, car le représentant du
pouvoir exécutif y jouit d'une autorité très précaire.

Il est une chose digne de remarque, c'est que l'instabilité
ministérielle tant reprochée aujourd'hui, avec juste raison, au

gouvernement de la République n'est pas nouvelle. Preuve certaine que cette instabilité tient à un vice dans l'application du système tout entier, vice qu'il faut absolument faire disparaître.

Sous le règne de Louis XVIII, que voyons-nous?

Pendant neuf années, de 1815 à 1824, on compte cinq ministères, durée moyenne vingt-deux mois.

De 1815 à 1818, nous avons vu, dit M. Herbouville [1], « dans « divers ministères, douze ministres, dont onze, après avoir « lutté plus ou moins de temps, se sont écroulés les uns sur « les autres, tandis qu'un seul, d'une complexion apparemment « plus robuste (c'était le M. de Freycinet du moment), reste « debout sur les débris de ses collègues [2] ».

Dès cette époque, il n'existait donc en France, dans le régime parlementaire, ni solidarité complète entre les membres d'un même ministère, ni solidarité entre le ministère et la Chambre des députés.

Sous le gouvernement de Charles X, de semblables faits se constatent : de 1824 à 1830, trois ministères se succèdent; durée moyenne : deux ans.

Et le gouvernement de Juillet, que donne-t-il?

De 1830 à 1840, on compte douze ministères, durée moyenne dix mois; ce n'est qu'en 1840 que la stabilité ministérielle donne de la fixité au gouvernement. Le ministère Guizot est, en effet, resté aux affaires huit ans, du 29 octobre 1840 au 24 février 1848. Cette stabilité absolument exceptionnelle a été due sans doute à la haute personnalité de M. Guizot.

Si on veut remédier aux effets déplorables de l'instabilité ministérielle, ne conviendrait-il pas d'en rechercher et la cause et les vrais remèdes? Ne serait-il pas préférable de couper le mal par la racine, de recéper l'arbre, en un mot, au lieu de se contenter de l'ébrancher?

Si l'on s'était posé la question en toute sincérité avec la résolution bien arrêtée de la résoudre, on se serait rendu compte, nous semble-t-il, que les ministères ne sont si instables que parce qu'on n'a jamais établi, en France, un lien solide de solidarité entre le ministère et la Chambre.

Or, toute la question ne serait-elle pas là?

Du jour où à la solidarité ministérielle qui est admise (du moins en principe) viendra se joindre la solidarité parlementaire de la Chambre, les ministères seront assurés d'un long avenir. — Sans doute, ils ne seront pas éternels. Ils tomberont comme tout ministère est condamné à le faire, quand une

---

[1] Publiciste contemporain.
[2] MM. de Richelieu, Barbé-Marbois, Dambray, Pasquier, de Feltre, du Bouchage, Molé, Corvetto, Roy, Vaublanc, Lainé. (*Le Conservateur*, année 1819.)

modification considérable s'est produite dans l'opinion publique.

Mais lorsqu'un ministère tombera, c'est qu'une raison très sérieuse aura rendu sa chute obligatoire.

Comment serait-il possible de créer ce lien de solidarité entre le ministère et la Chambre?

En passant une loi constitutionnelle portant que la chute de tout ministère entraînera *de droit* et *ipso facto* la dissolution de la Chambre des députés.

Qu'on veuille bien le remarquer, une telle loi serait très logique.

La Chambre a renversé un ministère : qu'est-ce qui prouve qu'en agissant ainsi, elle n'a pas accompli bien plus *sa volonté particulière* que celle du pays? — qu'elle n'a pas obéi à un simple caprice de quelques-uns de ses chefs? — Qui peut trancher le différend? — Le pays seul.

Il faut donc en appeler à lui. Si la Chambre, en renversant le ministère, a fait la volonté de la nation, les électeurs la rééliront en majorité; si, au contraire, elle ne l'a pas faite, un parlement nouveau lui succédera, et les ministres renversés pourront reprendre leur portefeuille, et avec leur portefeuille leur politique, car les électeurs auront clairement manifesté leur mécontentement de la chute non motivée du ministère.

Aujourd'hui, les choses se passent tout autrement, et comme nulle solidarité n'existe entre les mandataires du pays et les ministres, on peut, sans l'ombre d'un inconvénient, se livrer à mille intrigues, afin de renverser du pouvoir des hommes dont la chute n'aura aucune conséquence fâcheuse pour la situation particulière de ceux qui l'auraient motivée.

Qu'on nous permette une comparaison.

C'est sans beaucoup d'appréhension que le bûcheron scie la branche sur laquelle son voisin est assis; mais que de soins il prend pour faire la même opération à la branche qui le supporte!

L'intérêt étant souvent le mobile des actions humaines, vous pouvez être convaincus que, dans la crainte d'une dissolution *de droit* de la Chambre et d'un appel au pays, dont nul n'est certain de sortir vainqueur, MM. les représentants mettront autant de soin à maintenir au pouvoir le ministère, qu'ils en mettent aujourd'hui, par amour du changement et peut-être par le secret espoir d'être ministres à leur tour, à en provoquer le renversement pour les motifs souvent les plus futiles, rendant ainsi impossible le jeu régulier du gouvernement parlementaire. Ce régime n'est parvenu à s'implanter dans les institutions des autres pays que parce que la nécessité de cette solidarité entre le ministère et la Chambre a été reconnue et y a produit ses conséquences naturelles de stabilité des pouvoirs publics.

Mais, objectera-t-on, avec ces appels incessants à l'opinion de la nation, on érige la révolution en permanence, on jette continuellement dans le pays le trouble et la perturbation? C'est le contraire qui est la vérité.

Par les modifications constitutionnelles proposées, loin d'ériger la révolution en permanence, on la désarme, on oblige les fauteurs de crises ministérielles à n'attaquer les ministres que dans des circonstances exceptionnelles, sérieuses, et non pour des niaiseries qui autorisent les partisans des gouvernements autoritaires à prétendre qu'en France l'exercice d'un gouvernement libre est impossible; — au lieu de jeter dans le pays le trouble et la perturbation, au lieu de discréditer le gouvernement parlementaire, on paralyse la révolution, on assure au pays un calme momentané, il est vrai, mais au moins certain; on relève dans l'opinion le gouvernement représentatif, en démontrant aux plus aveugles que c'est, après tout, un gouvernement comme les autres, toutes les fois qu'on l'applique dans les véritables conditions inhérentes à sa nature.

Voyez, du reste, ce qui se passe dans la République des États-Unis.

Sans doute, à chaque changement de président, le pays est fortement agité. — C'est la lutte pour le pouvoir qui apporte avec elle toutes ses incertitudes; — mais, une fois le nouveau président élu, le calme le plus absolu succède à l'agitation fébrile des jours précédents, et, pendant quatre ans, la tranquillité règne, et le gouvernement peut poursuivre avec suite la politique du parti qui l'a porté au pouvoir.

On verrait, en France, quelque chose de semblable si la réforme constitutionnelle en question était adoptée.

A cet égard, il convient de ne se faire aucune illusion. Il faudra, un jour ou l'autre, en arriver, selon nous, à quelque chose de semblable à la réforme proposée; autrement, on sera obligé de faire son deuil du gouvernement parlementaire, pour retomber dans les mains de ces pouvoirs personnels qui conduisent les peuples à Waterloo et à Sedan.

CONCLUSION

Résumons-nous et concluons :

C'est un fait acquis : Les maux dont la France souffre sont des maux d'ordre social ; on ne les guérira jamais en changeant simplement la forme du gouvernement. — Il est nécessaire de porter le remède au siège même du mal, en donnant de la *fixité* et de l'*indépendance* aux diverses sociétés primordiales qui forment la base de toute nation.

On peut différer d'opinion sur les moyens à employer pour procurer à ces sociétés la stabilité et l'indépendance. On ne peut nier la nécessité de les leur procurer.

Quand on aura décidé de rétablir sur *leurs vraies bases* la famille et l'Église de France, ces deux grandes pépinières d'où l'on tire les hommes pour défendre le sol national, les caractères pour triompher de toutes les difficultés de la vie, les dévouements pour savoir faire, à l'heure des épreuves privées ou publiques, les sacrifices demandés par la collectivité qui s'appelle famille, association libre, armée, patrie, tout sera sauvé ou bien près de l'être ; car on aura replacé la nation sur ses assises naturelles, et l'Allemagne n'aura plus qu'à se bien tenir en présence de la vieille race des Francs de nouveau en possession de toutes les grandes vertus d'où elle a tiré, pendant quatorze siècles, sa merveilleuse force.

Si, au contraire, on se refuse à porter le fer rouge là où est le vrai mal social, c'est fini !...

Déjà ne dit-on pas que l'existence de la France, comme grande puissance, ne dépend plus que de la rivalité d'influence de l'Allemagne et de la Russie ?

C'est parler comme Tacite gémissant sur la mollesse et la lâcheté du peuple romain, et s'écriant dans son patriotisme :

« Puissent ces nations, à défaut d'amitié pour nous, persé-
« vérer dans cette haine d'elles-mêmes ! Au point où les des-
« tins ont amené notre empire, ce que la fortune peut faire de
« plus heureux pour nous, c'est de maintenir ces luttes intes-
« tines entre nos ennemis[1] ! »

La sympathie témoignée à la France par la Russie depuis plusieurs années, et le service que cette puissance lui a rendu au printemps de 1875, en arrêtant l'Allemagne prête à renouveler ses actes de vandalisme de 1870, défendent de qualifier les Russes d'ennemis.

Cependant l'analogie entre la situation de la France et celle de Rome au moment où les Barbares menaçaient son existence n'en est pas moins frappante ; il est certain que c'est à la rivalité de la Russie et de l'Allemagne que notre pays doit d'avoir écarté jusqu'ici de ses frontières les fléaux d'une nouvelle guerre, qui, si elle éclatait, prendrait vite les caractères d'une vraie guerre d'extermination.

Donc, pour que nous soyons prêts à soutenir la lutte et éviter de nouveaux désastres, il faut apporter à notre état social des remèdes dont l'étude comparée des législations des premiers peuples de l'Europe prouve la nécessité.

M. de Bonald a écrit :

---

[1] *Maneat, quæso, duretque gentibus, si non amor nostri, at certe odium sui ; quando urgentibus imperii fatis, nihil jam præstare fortuna majus potest quam hostium discordiam.*

« La France, l'aînée des nations révolutionnées, sera la pre-
« mière à renaître ou à périr. »

Il ne tient qu'à nous que la première partie de cette prédiction
se réalise, et non la seconde.

Notre sort est entre nos mains.

Devant nous deux chemins sont ouverts :

L'un, celui des réformes sociales fécondes, conduit au salut, à
la victoire, à la vie. L'autre, celui des vaines discussions politiques qu'on pourrait appeler la politique « du piétinement sur
place », mène droit au péril, à la défaite, à la mort.

Il n'est que temps de faire appel au patriotisme éclairé de
tous et de couper court aux divisions qui rappellent les vaines
discussions de l'empire byzantin. Une grande nation comme la
France a mieux à faire, en ce monde, qu'à être l'enjeu de conti-
nuelles parties électorales.

Pour appliquer rapidement ces réformes indispensables aux-
quelles, on vient de le voir, le salut même de la patrie est lié, il
conviendrait d'en confier le soin à Mgr le comte de Paris, en
rétablissant dans sa personne la monarchie nationale.

Un roi n'est jamais l'homme d'un parti, mais bien le représentant de la nation tout entière.

A ce titre, il possède une autorité exceptionnelle inhérente au
principe même qu'il représente.

Chacun peut s'incliner, sans difficulté, devant cette autorité.
Elle lui donne la possibilité, à l'intérieur, de dominer les factions
et de protéger les intérêts de tous sans en sacrifier un seul ; à
l'extérieur, de poursuivre avec suite une politique nationale
bien définie.

L'admirable unité de la France, œuvre de nos rois, et la force
que cette unité avait procurée au pays, en sont l'irrécusable
preuve.

Au contraire, un homme dont l'élévation au pouvoir est liée à
celle d'un parti aujourd'hui vainqueur et demain condamné à
être vaincu, ne peut posséder une telle autorité. Ne doit-il pas
payer son élection en livrant à ses amis toutes les fonctions gou-
vernementales ?

Pour cela, ne faut-il pas qu'il les enlève à ceux qui les occu-
paient[1] ? On condamne donc le pays à un état permanent de
guerre civile. Les haines de citoyen à citoyen s'y accumulent,
elles dominent toute autre préoccupation, et le soin à apporter
à la vitale question de la politique extérieure est relégué au
second plan et livré à tous les hasards.

Mais si, par malheur, il ne nous est pas possible de nous en-
tendre sur la nécessité de sauver le pays par le rétablissement

[1] C'est la plaie incurable du système. Les Américains le savent bien, eux
dont tous les efforts pour réformer « the civil service », c'est-à-dire les
administrations publiques, ont toujours échoué. (*Note de l'auteur.*)

immédiat de la monarchie nationale, au moins sauvons-nous
seuls, comme des majeurs auxquels un tuteur n'est plus nécessaire, faisons l'union des honnêtes gens sur un programme assez
vaste pour contenir les réformes sociales les plus urgentes. Nous
donnerons ainsi des assises à tout gouvernement, quel qu'il
soit : monarchie ou république.

Ainsi, trêve de découragement, et haut les cœurs !

Plus le mal paraît grand, plus il sera court. *Si gravis, brevis.*

Les honnêtes gens finiront par l'emporter ; qu'ils ne se décou-
ragent pas. Les hommes passent, la raison demeure.

Auguste de la **BARRE** de **NANTEUIL**.

Néchoat, près Morlaix (Finistère), 29 mars 1889.

LIBRAIRIE PLON

10, RUE GARANCIÈRE, PARIS.

BULLETIN BIBLIOGRAPHIQUE

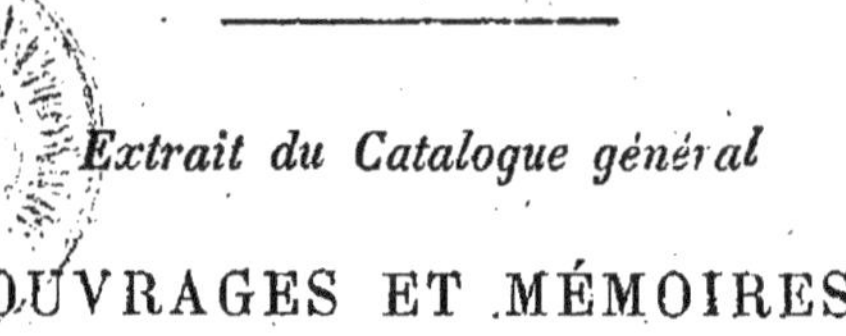

Extrait du Catalogue général

OUVRAGES ET MÉMOIRES

SUR

LA RÉVOLUTION FRANÇAISE

AUGEARD. — **Mémoires secrets de J. M. Augeard,** secrétaire des commandements de la reine Marie-Antoinette (1760-1800). Documents inédits sur les événements accomplis en France pendant les dernières années du règne de Louis XV, le règne de Louis XVI et la Révolution, jusqu'au 18 brumaire, précédés d'une Introduction par M. Évariste BAVOUX. Un volume in-8° cavalier. Prix. . . . . 6 fr.

BEAUCHESNE (A. de). — **Louis XVII, sa vie, son agonie, sa mort.** — **Captivité de la Famille royale au Temple.** Ouvrage enrichi de nombreux autographes du Roi, de la Reine, du Dauphin, de la Dauphine et de Madame Élisabeth, de dessins sur bois intercalés dans le texte, orné des portraits en taille-douce de Louis XVI, Marie-Antoinette, Louis XVII, Marie-Thérèse-Charlotte, Madame Élisabeth, la princesse de Lamballe, gravés sous la direction de M. Henriquel-Dupont, et précédé d'une *Lettre de Mgr Dupanloup, évêque d'Orléans.* 3ᵉ édition. Deux magnifiques volumes grand in-8° jésus. Prix. . . 30 fr.
— *Le même ouvrage.* 6ᵉ édition, deux volumes in-8° cavalier. Prix. 16 fr.
— *Le même ouvrage.* 14ᵉ édition, deux volumes in-18. Prix. . . . 10 fr.
(*Couronné par l'Académie française.*)

— **Galerie de portraits** *pour servir à l'histoire de Louis XVII.* Magnifique album comprenant les portraits de Louis XVI, — Marie-Antoinette, — Louis XVII, — Marie-Thérèse-Charlotte, — Madame Élisabeth, — la princesse de Lamballe, gravés sous la direction de M. HENRIQUEL-DUPONT. Grand in-folio tiré à 100 exemplaires *numérotés,* sur chine et avant la lettre. Il ne reste que quelques exemplaires. 80 fr.

— **La Vie de Madame Élisabeth,** sœur de Louis XVI. 2ᵉ édition. Deux volumes in-18, enrichis de deux portraits de Madame Élisabeth, représentant cette princesse, le premier avant la Révolution, le second pendant sa captivité. Prix. 10 fr.

CADOUDAL (G. de). — **Georges Cadoudal et la Chouan-nerie,** par son neveu Georges DE CADOUDAL, ancien conseiller général du Morbihan, ancien rédacteur de l'*Union*. Un volume in-8°, orné d'un portrait et d'une carte. Prix. . . . . 8 fr.

CAMPARDON. — **Marie-Antoinette et le Procès du Collier,** d'après la procédure instruite devant le Parlement de Paris. Ouvrage orné de la gravure en taille-douce du Collier, et enrichi de divers autographes inédits du Roi, de la Reine, du comte et de la comtesse de Lamotte. Un volume grand in-8°. Prix. . . . . 8 fr.

— **Le Tribunal révolutionnaire de Paris,** Ouvrage composé d'après les documents originaux conservés aux Archives nationales, suivi de la Liste complète des personnes qui ont comparu devant le tribunal, et enrichi d'une gravure et de fac-simile. Deux forts volumes in-8° cavalier. Prix. . . . . 16 fr.

CHEVERNY (J. N. DUFORT, comte de). — **Mémoires sur les règnes de Louis XV et Louis XVI, et sur la Révo-lution,** par J. N. DUFORT, comte DE CHEVERNY, introducteur des ambassadeurs, lieutenant général du Blaisois (1731-1802), publiés avec une introduction et des notes par Robert DE CRÈVECŒUR. Deux volumes in-8° carré, enrichis de deux portraits. Prix . . . . 16 fr.

CLARETIE. — **Camille Desmoulins, Lucile Desmoulins,** Étude sur les Dantonistes, d'après des Documents nouveaux et inédits. Un volume in-8°, enrichi d'un portrait de Camille Desmoulins, gravé à l'eau-forte par Rajon, d'un dessin du maréchal Brune représentant Lucile Desmoulins et de fac-simile d'autographes. Prix. . . . . 8 fr.

Il a été tiré quelques exemplaires sur papier de Hollande. Prix. . 16 fr.

COSTA DE BEAUREGARD (Mᵅ**).** — **Un homme d'autrefois.** Souvenirs recueillis par son arrière-petit-fils. Un volume in-18. 5ᵉ édition. Prix. . . . . 4 fr.

(Couronné par l'Académie française, prix Montyon.)

DAUBAN. — **La Démagogie en 1793, à Paris,** ou histoire jour par jour de l'année 1793, accompagnée de documents contemporains rares ou inédits, recueillis, mis en ordre et commentés par C. A. DAUBAN. Ouvrage enrichi de seize gravures de Valton et autres artistes, d'après des dessins inédits et des gravures du temps. Un fort volume in-8° cavalier. Prix. 8 fr.

— **Paris en 1794 et en 1795.** Histoire de la rue, du club, de la famine, composée d'après des documents inédits, particulièrement les rapports de police et les registres du Comité de salut public, avec une Introduction. Ouvrage enrichi de neuf gravures du temps et d'un fac-simile. Un volume in-8° cavalier vélin glacé. Prix. . . . . . 8 fr.

— **Les Prisons de Paris sous la Révolution,** d'après les relations des contemporains, avec des Notes et une Introduction. Ouvrage enrichi de onze gravures, vues intérieures et extérieures des prisons du temps. Un volume in-8° cavalier. Prix. . . . . 8 fr.

— **Mémoires inédits de Pétion et Mémoires de Buzot et de Barbaroux,** accompagnés des notes inédites de BUZOT et de nombreux documents inédits sur Barbaroux, Buzot, Brissot, etc., précédés d'une Introduction, avec le fac-simile d'un autographe de Barbaroux et les portraits de Pétion, Buzot, Brissot et Barbaroux, gravés par Adrien Nargeot. Un volume in-8°. Prix. . . . . 8 fr.

Lettres en grande partie inédites de Madame Roland (Mlle Phlipon) aux Demoiselles Cannet, suivies des Lettres de Madame Roland à Bosc, Servan, Lanthenas, Robespierre, etc., et de documents inédits; avec une Introduction et des Notes. Deux volumes in-8°, ornés d'un portrait de Madame Roland photographié d'après le tableau de Heinsius, d'une gravure et d'un plan. Prix. . . . . 16 fr.

URAS (duchesse de). — Journal des prisons de mon père, de ma mère et des miennes. Un volume in-8°, avec portrait en héliogravure. Prix. . . . . 7 fr. 50

CHEROLLES (Alexandrine des). — Une Famille noble sous la Terreur. Un volume in-8°. Prix. . . . . 7 fr. 50
Le même ouvrage. 2e édition. Un volume in-18 jésus. Prix. . . 4 fr.

ARÉ. — Un Fonctionnaire d'autrefois. *P. F. Lafaurie,* 1786-1876. Un volume in-8° cavalier. Prix. . . . . 6 fr.

EUILLET DE CONCHES. — Louis XVI, Marie-Antoinette et Madame Élisabeth. Lettres et documents inédits publiés par F. FEUILLET DE CONCHES. Six volumes grand in-8°, ornés de portraits et d'autographes. Prix. ; 48 fr.
Quelques exemplaires sur papier teinté extra. Prix. . . . . . . 80 fr.

Correspondance de Madame Élisabeth de France, sœur de Louis XVI, publiée par F. FEUILLET DE CONCHES, sur les originaux autographes, et *précédée d'une lettre de Mgr Darboy, archevêque de Paris.* Un volume in-8° cavalier, enrichi d'un portrait de Madame Élisabeth gravé par Morse sous la direction d'Henriquel-Dupont, et de fac-simile d'autographes. Prix. . . . . 8 fr.
Quelques exemplaires sur papier de Hollande. Prix. . . . . . . 16 fr.

ORNERON (H.). Histoire générale des Émigrés, pendant la Révolution française, par H. FORNERON. Deux volumes in-8° carré. Prix. . . . . 15 fr.

Le même ouvrage, 3e édition, 2 volumes in-16. Prix. . . . . . . 8 fr.

GRANIER DE CASSAGNAC. — Histoire des causes de la Révolution française. 2e édition. Quatre volumes in-8°. Prix. 24 fr.

GUILHERMY (de). — Papiers d'un émigré (1789-1829). Lettres et notes extraites du portefeuille du baron de Guilhermy, député aux états généraux, conseiller du comte de Provence, attaché à la légation du Roi à Londres, etc., mises en ordre par le colonel DE GUILHERMY. Un volume in-8°. Prix. . . . . 7 fr. 50

HUE. — Dernières Années du règne et de la vie de Louis XVI, par François HUE, l'un des officiers de la chambre du Roi, appelé par ce prince, après la journée du 10 août, à l'honneur de rester auprès de lui et de la famille royale. Troisième édition, revue sur les papiers laissés à l'auteur, précédée d'une notice sur M. Hue, par M. René du Mesnil de Maricourt, *son petit-gendre*, et d'un Avant-propos par M. Henri de l'Épinois. Un volume in-8º. Prix. . . . . 6 fr.

HYDE DE NEUVILLE. — Mémoires et Souvenirs du baron Hyde de Neuville. *La Révolution. — Le Consulat. — L'Empire.* Un volume in-8º. Prix. . . . . 7 fr. 50

LANZAC DE LABORIE (L. de). — *Un royaliste libéral en 1789.* **Jean-Joseph Mounier,** sa vie politique et ses écrits, par L. de Lanzac de Laborie, avocat à la Cour d'appel. Un vol. in-8º. Prix. . . 8 fr.

(Couronné par l'Académie française, prix Thérouanne.)

LEBON (André). — L'Angleterre et l'émigration française de 1794 à 1801, par André Lebon, ancien élève de l'École libre des sciences politiques, avec une Préface de M. Albert Sorel. Un volume in-8º carré. Prix. . . . . 7 fr. 50

LESCURE (de). — La Vraie Marie-Antoinette, étude historique, politique et morale, suivie d'un recueil de lettres de la Reine, dont plusieurs inédites, et de divers documents. 3e édition, augmentée d'une Préface de l'auteur. Un volume in-8º. Prix . . . . 5 fr.

— **Correspondance secrète inédite sur Louis XVI, Marie-Antoinette, la Cour et la ville** (de 1777 à 1792), publiée par M. de Lescure, sur le manuscrit de la Bibliothèque impériale de Saint-Pétersbourg. Deux forts volumes grand in-8º. Prix . . . 16 fr.

— **Rivarol et la société française** pendant la Révolution et l'Émigration (1753-1801). Études et portraits historiques et littéraires d'après des documents inédits. Un vol. in-8º cavalier. Prix. . . . . 8 fr.

(Couronné par l'Académie française, prix Guizot.)

MALOUET (Bon). — Mémoires de Malouet, publiés par son petit-fils le baron Malouet. 2e édition, augmentée de lettres inédites. Deux volumes in-8º cavalier, avec portrait. Prix . . . . 16 fr.

MARTEL (Cte de). — Types révolutionnaires. Étude sur Fouché, par le comte de Martel, ancien préfet. Première partie : *le Communisme dans la pratique en 1793.* Un vol. petit in-8º. . . . . 5 fr.
Deuxième partie : *Fouché et Robespierre.* Un vol. petit in-8º. . . . 5 fr.

MASSON (F.). — Le Département des affaires étrangères pendant la Révolution (1789-1804), par Frédéric Masson, bibliothécaire du ministère des affaires étrangères. Un volume in-8º. 10 fr.

— **Le Cardinal de Bernis depuis son ministère** (1758-1794). — *La Suppression des Jésuites. — Le Schisme constitutionnel.* Un vol. in-8º cavalier. Prix . . . . 8 fr.

METTERNICH (prince de). — Mémoires, documents et écrits divers, laissés par le prince de Metternich, chancelier de cour et d'État, publiés par son fils, le prince Richard de Metternich, classés et réunis par M. A. de Klinkowstroem.
Première partie : *Depuis la naissance de Metternich jusqu'au Congrès de Vienne.*

(1773 à 1815). (Tomes I, II.) 3e édition. Deux beaux volumes in-8o cavalier, avec portrait et fac-similé d'autographes. Prix . . . . 18 fr.

Deuxième partie : *L'Ère de paix* (1816 à 1848).
   (Tomes III et IV.) 2e édition. Deux beaux vol. in-8o cavalier . . 18 fr.
   (Tome V.) *La Révolution de Juillet et ses conséquences immédiates.* Un beau volume in-8o cavalier. Prix. . . . . 9 fr.
   (Tomes VI et VII.) *Période du règne de l'empereur Ferdinand.* Deux beaux volumes in-8o cavalier. Prix. . . . . 18 fr.

Troisième partie : *La Période de repos.* (1848-1859).
   (Tome VIII.) Un volume in-8o cavalier. Prix. . . . . 9 fr.
   Il a été tiré :
   60 *exemplaires numérotés sur papier de Hollande.* Prix. . . 160 fr.
   20 *exemplaires numérotés sur papier Whatman.* Prix. . . . 320 fr.

MICHEL (André). — Correspondance inédite de Mallet du Pan avec l'empereur d'Autriche (1794-1798), publiée d'après les manuscrits conservés aux Archives de Vienne, avec une préface de M. TAINE, de l'Académie française. Deux volumes in-8o cavalier. Prix. . . . . 16 fr.

MONITEUR (Réimpression illustrée de l'Ancien). Seule histoire authentique et inaltérée de la Révolution française. Cette édition forme 32 vol. gr. in-8o, ornés de 626 grandes gravures hors texte, imitations des illustrations du temps et puisées dans les dépôts publics et dans les précieuses collections de MM. Hennin et Laterrade. — Les 32 vol. br. 250 fr.
Reliés. Prix. . . . . 300 fr.

MONTAGU (marquise de). — Anne-Paule-Dominique de Noailles, marquise de Montagu. Nouvelle édition. Un volume in-8o, avec portrait en héliogravure. Prix. . . . . 7 fr. 50

PUYMAIGRE (Cte Alexandre de). — Souvenirs sur l'Émigration, l'Empire et la Restauration, publiés par le fils de l'auteur. Un volume in-8o carré. Prix. . . . . 7 fr. 50

ROCQUAIN (Félix). — L'Esprit révolutionnaire avant la Révolution; les livres condamnés (1715-1789) d'après les arrêts et les réquisitoires conservés aux Archives nationales. Un volume in-8o. 8 fr.
   (*Couronné par l'Académie française, prix Thérouanne.*)

RICARD. — L'abbé Maury (1746-1791). *L'abbé Maury avant 1789; l'abbé Maury et Mirabeau.* Un volume in-18. Prix. . . . . . . 3 fr. 50

SICOTIÈRE (L. de La). — Louis de Frotté et les Insurrections normandes (1793-1832), par L. DE LA SICOTIÈRE, sénateur de l'Orne. 3 volumes in-8o avec portraits et carte. Prix. . . . . 20 fr

SOREL. — Essais d'histoire et de critique. Metternich, Talleyrand, Mirabeau, Élisabeth et Catherine II, l'Angleterre et l'émigration française, la diplomatie de Louis XV, les colonies prussiennes, l'alliance russe et la Restauration, la politique française en 1866 et 1867, la diplomatie et le progrès. Un volume in-18. Prix. . . . . . 3 fr. 50

SOREL. — **L'Europe et la Révolution française.** Première partie : *Les mœurs politiques et les traditions.* 2e édit. Un vol. in-8°. 8 fr.
Deuxième partie : *La Chute de la royauté.* 2e édit. Un vol. in-8°. . . . 8 fr.
(Couronné deux fois par l'Académie française, grand prix Gobert.)

STOFFLET (E.). — **Stofflet et la Vendée.** Un volume in-18 jésus, enrichi d'une grande carte spéciale. Prix . . . . 4 fr.

SYLVANECTE. — **Profils vendéens,** par Sylvanecte (madame Georges Graux), avec une Préface de Jules Simon, de l'Académie française. Un volume in-18. . . . . 3 fr. 50

TALLEYRAND. — **La mission de Talleyrand à Londres en 1792.** Correspondance inédite de Talleyrand avec le Département des affaires étrangères, le général Biron, etc. — Ses Lettres d'Amérique à lord Lansdowne. Avec introduction et notes par G. PALLAIN. Un volume in-8° cavalier, enrichi d'un portrait de Talleyrand, d'après une miniature d'Isabey. Prix . . . . 8 fr.
Il a été tiré :
50 exemplaires *numérotés* sur papier de Hollande. Prix . . . . . 20 fr.
15 exemplaires *numérotés* sur papier Whatman. Prix. . . . . . 40 fr.

THUREAU-DANGIN. — **Royalistes et Républicains.** Essais historiques sur des questions de politique contemporaine. *I. La Question de Monarchie ou de République du 9 thermidor au 18 brumaire; II. L'Extrême Droite et les Royalistes sous la Restauration; III. Paris capitale sous la Révolution française.* 2e édition. Un volume in-18. Prix . . 4 fr.

TOURZEL (duchesse de). — **Mémoires de madame la duchesse de Tourzel,** gouvernante des Enfants de France pendant les années 1789, 1790, 1791, 1792, 1793, 1795, publiés par le duc Des Cars. Ouvrage enrichi du dernier portrait de la Reine. Deuxième édition. Deux volumes in-8° carré. Prix. . . . . 15 fr.

VATEL (C.). — **Charlotte de Corday et les Girondins,** pièces classées et annotées, par M. Charles VATEL, avocat à la Cour d'appel de Paris. Trois volumes grand in-8°, accompagnés d'un Album contenant treize portraits gravés d'après les originaux authentiques, des vues et plans explicatifs des lieux et des fac-simile d'autographes. Prix (volumes et Album). . . . . 24 fr.

VILLENEUVE (marquis de). — **Charles X et Louis XIX en exil.** Mémoires inédits du marquis de Villeneuve, publiés par son arrière-petit-fils. Un volume in-8°. Prix. . . . . 7 fr. 50

VYRÉ (F. de). — **Marie-Antoinette, sa vie et sa mort** (1755-1793), par F. DE VYRÉ. 1 volume in-8°. Prix . . . . . . 7 fr. 50

WELSCHINGER (H.). — **Le duc d'Enghien, 1772-1804.** Un volume in-8°. Prix. . . . . 8 fr.

Sous presse pour paraître prochainement :

Correspondance intime du comte de Vaudreuil et du comte d'Artois pendant l'émigration (1789-1804), publiée par M. Léonce PINGAUD. 2 volumes in-8° avec portraits.

HISTOIRE

DE FRANCE

DEPUIS SES ORIGINES JUSQU'A NOS JOURS

PAR

M. C. DARESTE

RECTEUR DE L'ACADÉMIE DE LYON, CORRESPONDANT DE L'INSTITUT

Ouvrage couronné deux fois par l'Académie française
GRAND PRIX GOBERT

Troisième Édition

L'ouvrage comprend neuf forts volumes in ·8°.
Prix : 80 francs

CHAQUE VOLUME SE VEND SÉPARÉMENT :

DERNIÈRES PUBLICATIONS HISTORIQUES

BROGLIE (P^ce de). — **Mabillon et la société de Saint-Germain des Prés** à la fin du dix-septième siècle (1664-1797). Deux volumes in-8°. Prix. 15 fr.

COSTA DE BEAUREGARD (Mis). — *Prologue d'un règne.* **La jeunesse du roi Charles-Albert.** Un volume in-8° elzevirien avec portraits. Prix. . . . . 7 fr. 50

CZARTORYSKI. — **Mémoires du prince Adam Czartoryski et Correspondance avec l'empereur Alexandre Ier.** Préface de M. Ch. DE MAZADE, de l'Académie française. Deux volumes in-8°. Prix. 15 fr.

JANSSEN (J.) — *L'Allemagne et la Réforme :* **I L'Allemagne à la fin du moyen âge.** Traduit de l'allemand sur la 14e édition, avec une préface de M. G. A. HEINRICH, doyen honoraire de la Faculté des lettres de Lyon. Un volume in-8°. Prix. . . . . 8 fr.

— *L'Allemagne et la Réforme :* **II. L'Allemagne depuis le commencement de la guerre politique et religieuse jusqu'à la fin de la Révolution sociale (1525).** Traduit de l'allemand sur la 14e édition par E. PARIS. Un volume in-8°. Prix. . . . . . 8 fr.

MAZADE (de). — **Un Chancelier d'ancien régime.** *Le règne diplomatique de M. de Metternich,* par Ch. DE MAZADE, de l'Académie française. Un volume in-8°. Prix. . . . . 7 fr. 50

ROUSSET (Camille). — *Les commencements d'une Conquête.* **L'Algérie de 1830 à 1840,** par Camille ROUSSET, de l'Académie française. Deux volumes in-8°, avec atlas spécial. Prix. . . . . . . 20 fr.

— **La Conquête de l'Algérie** (1841-1857). Deux volumes in-8°, avec atlas spécial. . . . . 20 fr.

— **La Conquête d'Alger.** Un volume in-18 jésus. Prix. . . . 4 fr.

THUREAU-DANGIN (Paul). — **Histoire de la Monarchie de Juillet.** 2e édition. Cinq volumes in-8°. Prix de chaque vol. 8 fr.
(Couronné deux fois par l'Académie française, grand prix Gobert.)

VANDAL (Albert). — **Une ambassade française en Orient sous Louis XV.** *La mission du marquis de Villeneuve (1728-1741).* Un volume in-8°. Prix. . . . . 8 fr.

VOGÜÉ (Marquis de). — **Villars,** d'après sa correspondance et des documents inédits. Deux volumes in-8°, accompagnés de portraits, gravures et cartes. Prix. . . . . 16 fr.

WELSCHINGER (H.). — **Le Divorce de Napoléon,** par Henri WELSCHINGER. Un volume in-18. Prix. . . . . 3 fr. 50

PARIS, TYPOGRAPHIE DE E. PLON, NOURRIT ET Cie, 8, RUE GARANCIÈRE.

PARIS

TYPOGRAPHIE DE E. PLON, NOURRIT ET Cie

RUE GARANCIÈRE, 8.